VERA POLITKOWSKAJA
MIT SARA GIUDICE

Meine Mutter hätte es Krieg genannt

Aus dem Italienischen übersetzt
von Amelie Thoma und Christian Försch

TROPEN SACHBUCH

Die abgebildeten Fotos sind Eigentum von Vera Politkowskaja.

Das Zitat auf Seite 78 entstammt Anna Politkowskaja: In Putins Russland. Aus dem Russischen von Hannelore Umbreit und Ulrike Zemme. DuMont Buchverlag, Köln 2005, Neuauflage 2022, S. 319.

Das Zitat auf den Seiten 69 und 70 entstammt Anna Politkowskaja: Tschetschenien: Die Wahrheit über den Krieg. Übersetzt von Hannelore Umbreit und Ulrike Zemme. DuMont Buchverlag, Köln 2003, S. 7. und S. 291.

Vielen Dank an Marco Clementi, der für das Entstehen des italienischen Originalbuches in seiner Funktion als Russischübersetzer sehr wertvoll war.

Einen herzlichen Dank auch an Norbert Juraschitz für seine beratende Hilfe bei der komplexen Frage der Transkription russischer, ukrainischer und tschetschenischer Namen ins Deutsche.

MIX
Papier | Fördert gute Waldnutzung
FSC® C014496
FSC www.fsc.org

Tropen
www.tropen.de

Umschlag: © Zero-Media.net, München
Foto: © gettyimages/Mariana Eliano/Kontributor
Gesetzt von C.H.Beck.Media.Solutions
Gedruckt und gebunden von GGP Media GmbH
ISBN 978-3-608-50195-7
E-Book ISBN 978-3-608-12205-3

Bibliografische Information der Deutschen Nationalbibliothek
Die Deutsche Nationalbibliothek verzeichnet diese Publikation in der Deutschen Nationalbibliografie; detaillierte bibliografische Daten sind im Internet über http://dnb.d-nb.de abrufbar.

Inhalt

Prolog
Der Klang der Wehmut

> Russland steht davor, in einen von Putin und seiner politischen Kurzsichtigkeit gegrabenen Abgrund zu stürzen.
>
> *Anna Politkowskaja, 2004*

Meine Mutter war nie bequem. Weder für die russischen Behörden noch für den Durchschnittsbürger, der in einer Zeitung blättert und die Artikel liest. Leider glaubt die Mehrheit der russischen Bevölkerung an das, was ihnen die Bildschirme der Staatssender präsentieren: eine virtuelle, von der Propaganda erschaffene Welt, in der im Großen und Ganzen alles prima läuft. Eine Welt, in der die Probleme, die der Öffentlichkeit von Zeit zu Zeit demonstriert werden, ursächlich aus den westlichen Staaten stammen. Oder, wie man in Russland mit wissendem Lächeln sagt, »dem im Zerfall befindlichen Westen«.

Meine Mutter sprach in ihren Artikeln selten von angenehmen Dingen, sie war fast immer Überbringerin schlechter Nachrichten. Sie schrieb die Wahrheit, nackt und ungeschminkt, über Soldaten, Banditen und gewöhnliche Menschen, die im Fleischwolf des Krieges gelandet waren.

Sie sprach von Schmerz, Blut, Tod, zerfetzten Körpern und zerstörten Existenzen.

Am 7. Oktober 2006, dem Tag, an dem sie umgebracht wurde und Wladimir Putin Geburtstag hatte, war ich 26 Jahre alt und selbst im Begriff, Mutter zu werden. Bis dahin hatte ich mir eingeredet, dass ihre Popularität im Westen sie in gewisser Weise vor möglichen Gefahren oder einem gewaltsamen Tod schützen würde. Ich hatte mich geirrt.

Diktatoren müssen Menschenopfer darbringen, um ihre Macht zu festigen. Der einzige Weg, die Freiheit zu schützen, ist, die Lüge zu bekämpfen und die Wahrheit auszusprechen. In Russland mangelt es an Freiheit, und doch hätte ich niemals gehen wollen. Das Land, das die Mörder meiner Mutter hervorgebracht hatte, war gleichzeitig das Land, in dem ich leben und arbeiten wollte.

In Russland hat man Anna Politkowskaja schnell vergessen, vor allem die Leute, die das Sagen haben, denn das Andenken von Menschen wie meiner Mutter zu bewahren, ist gefährlich. Weitaus bequemer ist es, ihre Spuren zu tilgen und ihre Wahrheit zu vergessen.

Im Westen kann man auf den Namen Politkowskaja stolz sein. Nach meiner Mutter benennt man Plätze und Straßen, ihre journalistischen Arbeiten werden an den Universitäten analysiert, ihre Bücher weltweit verkauft. In Russland liegt über diesem Namen der Mantel des Schweigens. Tschetschenien, zentrales Thema ihrer wichtigsten Berichte, ist jetzt befriedet, und die Machtverhältnisse in der Republik haben sich stabilisiert. Es herrscht Ramsan Kadyrow, der seinen Hass gegen meine Mutter immer offen gezeigt hat.

Der Krieg in der Ukraine hat unser Leben aus der Bahn geworfen. Nach dem 24. Februar 2022 hat unser Nachname

Anna und Vera in Moskau, Juli 2005.

wieder an Bedeutung gewonnen, ist erneut Adressat von Drohungen geworden. Morddrohungen, diesmal gegen meine Tochter, die noch minderjährig ist. Seit man in der Schule angefangen hatte, über den Konflikt in der Ukraine zu reden, war sie den Anfeindungen ihrer Klassenkameraden ausgesetzt. Heftigen Anfeindungen. Deshalb haben wir uns für ein freiwilliges Exil entschieden, für die Flucht in ein anderes Land. Von einem Tag auf den nächsten haben wir die Koffer gepackt und sind aus Moskau weggegangen, aus der Stadt, die uns schon so viel genommen hatte. Mir die Mutter, meiner Tochter die Großmutter.

Ich habe beschlossen, dieses Buch zu schreiben, um an die Lektion zu erinnern, die meine Mutter uns gelehrt hat: Seid mutig und nennt die Dinge immer beim Namen, Diktatoren eingeschlossen.

I
»Die schlaflosen Augen«

Klack-klack-klack-klack. Absatz, neue Zeile und wieder Klack-klack-klack-klack. Und ewig so weiter.

Es war keines dieser Hintergrundgeräusche, die man irgendwann nicht mehr wahrnimmt. Es war die Tonspur meines Lebens. Mein allabendliches Gute-Nacht-Lied.

Wenn der Tag zu Ende ging – alle waren mit dem Essen fertig, der Hund war vor die Tür gebracht worden, wir Kinder hatten die Hausaufgaben vorgezeigt und waren ins Bett gegangen –, setzte das Klack-klack-klack-klack ein. Meine Mutter war konzentriert, ihre Miene ernst hinter dem Brillengestell. Nicht einen Moment wandte sie den Blick von der Schreibmaschine ab, ganz so, als säße sie an der wichtigsten Arbeit ihres Lebens. Wenn sie merkte, dass mein zwei Jahre älterer Bruder und ich bei ihr standen und sie beobachteten, fragte sie: »Nanu? Warum schlaft ihr nicht? Was lauft ihr schon wieder hier herum? Ins Bett, aber schnell!« Klack-klack-klack-klack.

Mama wurde in New York geboren, während einer Auslandsmission ihrer Eltern. Ihr Vater, mein Opa, Stepan Fjedorowitsch Masepa, war Ukrainer und arbeitete bei der ukrainischen Vertretung der Vereinten Nationen. Meine Großmutter, Raisa Alexandrowna Masepa, halb Russin, halb Ukrainerin, war ihrem Mann dorthin gefolgt, auch wenn sie nicht zum diplomatischen Korps gehörte. Zu Sowjetzeiten durften Diplomaten jedoch ohne den Ehepartner keine längeren Auslandsreisen unternehmen. Was meine Großeltern mir über meine Mutter als Kind erzählt haben, erinnert mich sehr an das, was ich heute in meiner Tochter sehe. Dieselbe Entschlossenheit, dieselbe Freiheitsliebe. Meine Mutter glaubte an Freiheit und Gerechtigkeit für alle.

Sie träumte davon, Journalistin zu werden, lange bevor ich geboren wurde, und sie hat nie auch nur einen Moment daran gezweifelt. Es gab keinen »Plan B«. Ich war gerade mal einen Monat alt, als sie an der Moskauer Universität ihr Journalismusstudium abschloss. Es war das Jahr 1980 und in unserem Land fanden die Olympischen Sommerspiele statt. Jene Olympiade, die aus Protest gegen die sowjetische Invasion in Afghanistan von 65 Staaten boykottiert wurde.

Es vergingen einige Jahre, und das Land trat in die freiheitlichste Phase ein, die es je in seiner Geschichte erlebt hat. Perestroika, »Umgestaltung«, wurde in der ganzen Welt zu einem Begriff, zu einem Schlagwort, das wirklich Gehalt hatte, unter dem sich der allmähliche Abbau der Zensur und die daraus resultierende Liberalisierung der Medien vollzog. Nach und nach normalisierten sich auch die Beziehungen zum Westen. Wir waren keine Feinde mehr, wir begannen zu kooperieren.

Anna Politkowskaja reifte genau in der Phase der Perestroika zur Journalistin. Sie verkörperte deren Geist vollkommen, den Wunsch nach Veränderung: Sie träumte von einer vollgültigen Demokratie, und sie träumte davon, ihren Beruf in einem freien Land auszuüben – wie es sein sollte, und wie es fast nirgendwo auf der Welt der Fall ist.

Anna am Tag ihrer Hochzeit, mit Alexander und ihren beiden Kindheitsfreundinnen Maria (links) und Jelena (rechts).

Meine Eltern lernten sich sehr früh kennen. Meine Mutter war damals 17 und besuchte die letzte Klasse des Gymnasiums; mein Vater, Alexander Politkowski, studierte bereits Journalismus. Er platzte während eines Festes bei ihr zu Hause herein und krempelte ihr Leben um. Drei Jahre später, 1978, heirateten sie. Am Tag der Hochzeit tauchte mein Vater bei seinen zukünftigen Schwiegereltern auf – eine Mütze auf dem Kopf, Schwarzbrot und Wodka in der Umhängetasche – und verkündete, er sei gekommen, um die Braut zu holen. Meine Großeltern jedoch hatten keinen Sinn für seinen studentischen Humor. Die Feier fand in einer Wohnung von 19 Quadratmetern statt, in der noch im selben Jahr mein Bruder Ilja zur Welt kommen sollte.

Meine Mutter schrieb ihre Abschlussarbeit über Leben und Werk der russischen Dichterin Marina Zwetajewa. Mutter mochte sie sehr, und ich erinnere mich, dass sie stets einen ihrer Lyrik- oder Prosabände auf dem Tisch liegen hatte. Wieder und wieder las sie ihre Werke. Marina Zwetajewa hatte ein tragisches Schicksal gehabt, ihr Leben war furchtbar. Und in ihren ehrlichen und sehr persönlichen Versen werden der Schmerz und das Leid, die sie gezeichnet haben, erfahrbar. Der Schlussakt ihrer Biografie war ihr Selbstmord mit 48 Jahren. Dasselbe Alter wie meine Mutter, als sie umgebracht wurde. Nach ihrer Ermordung sah ich das Interesse, das sie stets an dieser Autorin gezeigt hatte, in einem anderen Licht. Plötzlich schien es mir mehr zu sein als eine gewöhnliche Vorliebe, die jeder von uns für den einen oder anderen Dichter oder Schriftsteller empfinden mag.

Ich war dabei an dem Tag, als meine Mutter ihren Studienabschluss machte. Da ich noch ein Säugling war, kann ich mich natürlich an nichts erinnern. Sie hatte mich nur mitgenommen, weil sie nicht wusste, wohin mit mir. Aber mir gefällt der Gedanke, dass das kein Zufall war. Es ist merkwürdig, dass ich mich im Alter von einem Monat in der Fakultät für Journalismus der Moskauer Universität befand und dass mich das Schicksal, nach einem langen Zwischenspiel als Musikerin, genau wieder zu diesem Beruf zurückgeführt hat. Gerne würde ich heute Mutters Vortrag vor der Prüfungskommission hören, ihre Gesten sehen, den Ausdruck auf ihrem Gesicht.

Während sie lernte, schrieb und sich darauf vorbereitete, die Journalistin zu werden, die heute in der ganzen Welt bekannt ist, war ich schon da. Einerseits stellten mein Bruder und ich für ihre Laufbahn unweigerlich einen Ballast dar, andererseits waren wir ihr Ansporn für die Zukunft. Der Motor, den sie brauchte, um nicht aufzugeben.

Familienfoto: Anna mit Alexander, Ilja und der kleinen Vera auf dem Schoß.

Kaum mit dem Studium fertig, fing sie an zu arbeiten, wenn auch nicht in Vollzeit. Mit zwei kleinen Kindern konnte sich das damals kaum eine Frau erlauben. Ihr erster Job war ziemlich seltsam. Sie kümmerte sich um die Zuschriften an eine Zeitungsredaktion, deren Sitz nicht weit von unserer Wohnung entfernt lag. Dazu brachte sie säckeweise Briefe nach Hause, öffnete sie, holte sie aus den Kuverts und ordnete sie nach den Journalistinnen und Journalisten, an die sie gerichtet waren. Dann trug sie sie zurück in die Redaktion und stapelte sie den jeweiligen Empfängern

Anna mit ihren beiden Kindern.

auf den Schreibtisch. Nach einiger Zeit fand sie eine interessantere Arbeit. Von 1982 bis 1993 schrieb sie für die Zeitungen *Iswestija, Wosduschny Transport* und *Megapolis-Express,* für die Agentur Eskart und den Paritet-Verlag. 1994 begann sie, für die *Obschtschaja Gaseta,* ein zur damaligen Zeit sehr populäres Wochenblatt, Rezensionen zu schreiben. Damals waren mein Bruder und ich schon relativ groß, und so konnte sie sich ihrer Berufung endlich in Vollzeit widmen.

Die *Obschtschaja Gaseta* befasste sich mit Politik, Wirtschaft und Gesellschaft, veröffentlichte Enthüllungsberichte zu hochaktuellen Themen und Interviews mit wichtigen Persönlichkeiten: Politikern, Politikerinnen, Kultur- und Medienschaffenden. Sie verfolgte auch die Umsetzung des Privatisierungsprogramms großer staatlicher Unternehmen, das zu jener Zeit in vollem Gange war. Dort fing meine Mutter an, über brisante und gesellschaftlich relevante Themen zu schreiben.

Aufgrund ihres wenig entgegenkommenden Wesens, um einen Euphemismus zu gebrauchen, war ihre berufliche Tätigkeit von permanenten Spannungen mit Kollegen und Redakteuren geprägt. Es war nicht einfach, mit ihr zu arbeiten. Einmal sagte sie dem Leiter der Zeitung, Jegor Jakowlew, dass sie ihr Material wegen familiärer Probleme nicht termingerecht würde abgeben können. Er antwortete, das interessiere ihn nicht. »Das ist deine Privatangelegenheit.« Kurz, die Arbeit dürfe niemals an zweiter Stelle kommen, unabhängig von privaten Schwierigkeiten. Meine Mutter mag sich bei jener Gelegenheit mit ihm angelegt haben, aber im Grunde teilte sie seine Ansicht, wie sie ihr ganzes Leben über unter Beweis stellte, denn sie arbeitete wie besessen.

Für Jakowlews Zeitschrift befasste sie sich mit einem besonderen Aspekt der Privatisierung: die Mitte der Neunzigerjahre fast überall stattfindende Vergabe von Krediten zum Aktienerwerb, die der Staat anfangs allen Bürgern einräumte. Dank eines von Aktiengroßeinkäufern ersonnenen Mechanismus wurden die öffentlichen Unternehmen zum Schleuderpreis an Privatunternehmer veräußert.

In diesem Zusammenhang stellte meine Mutter eine Hintergrundrecherche an, die sich mit den Geschäftsinteressen des Oligarchen Wladimir Gussinski befasste. Er war ein sehr einflussreicher Mann, Eigentümer von *NTW*, dem damals größten privaten Fernsehsender des Landes, und er goutierte ihre Einmischung nicht. Er ließ sie anrufen und bestellte sie zu einem Treffen ein, bei dem er ihr ein Dossier über sie und jedes ihrer Familienmitglieder vorlegte: Vater und uns zwei Kinder. Zu jener Zeit, in den »wilden Neunzigern«, war es gängige Praxis, dass man gegen potenzielle

Widersacher Informationen zusammentrug; wer an der Macht war, tat das permanent. Aber um ehrlich zu sein, weiß ich nicht recht, was er mit diesem Dossier bei ihr erreichen wollte. Ich weiß nur, dass meine Mutter erschrocken und verstört nach Hause kam und dass anschließend nie wieder darüber gesprochen wurde.

Anna nahm sich für die Zeitung eines weiteren sehr heiklen Themas an: das der Sekten oder sektenähnlichen Gemeinschaften, die nach dem Ende der UdSSR überall im Land wie Pilze aus dem Boden schossen. Heute ist deren Aktivität in Russland verboten, aber zu jener Zeit hatte die Regierung andere Sorgen, und so florierten diese Sekten. Meine Mutter sammelte reichlich Material über die Methoden, mit denen die Sektenführer ihre Anhänger rekrutierten. Sie fand heraus, dass diese hypnotisiert oder mit verschiedenen psychologischen Techniken unter Druck gesetzt wurden. Die so gewonnenen »Opfer« wurden gezwungen, all ihr Hab und Gut zu verkaufen, ihre Familien für immer zu verlassen und jeglichen Kontakt zu ihnen abzubrechen. Sie traf jene Verwandten, protokollierte ihre Hilferufe und Ängste und versuchte, etwas gegen dieses Phänomen zu unternehmen, indem sie es zumindest öffentlich anprangerte.

Und doch war, wie ihre damaligen Kollegen meinen, das greifbarste Ergebnis ihrer fünfjährigen Tätigkeit für die *Obschtschaja Gaseta* ein praktisch unlösbarer Dauerclinch mit ihrem Chef Jegor Jakowlew.

2
Mein Vater

Die Beziehung meiner Eltern war immer schon explosiv. Sprich, sie waren nicht gerade ein ruhiges und ausgeglichenes Paar.

Der Alltag mit meiner Mutter war schwierig. Die Organisation des Familienlebens, der Wunsch, uns nur das Beste zu bieten, und dazu ihre scharfe Wahrnehmung all dessen, was um uns herum geschah, zehrten an ihren Kräften. Wenn ich jetzt daran denke, dann glaube ich, dass sie zu früh die Verantwortung für eine Familie übernehmen musste.

Eine meiner ersten klaren Erinnerungen ist ein Krach zwischen meinen Eltern. Mein Bruder Ilja und ich waren in unserem Zimmer, unsere Eltern in ihrem. Es war Wochenende, und Papa wollte raus, zum Angeln oder wer weiß wohin. Mama stellte sich quer. Sie wollte ihn nicht aus der Wohnung lassen. Sie stritten heftig. Mein Bruder versuchte so zu tun, als wäre nichts, ich dagegen setzte mich aufs Bett und wartete ab, wie die Sache ausgehen würde.

Plötzlich kamen aus dem Zimmer unserer Eltern seltsame Geräusche, als würden Möbel umfallen. Vater schrie, Mutter schrie zurück, dann hörte ich sie weinen. Das Gebrüll wurde lauter, als sie ihr Zimmer verließen und an unserem vorbeigingen. Durch das Glas in der Tür sah ich sie im Flur, dann polterte mein Vater wütend hinaus.

Alexander Politkowski war damals bereits ein bekannter Journalist. Es waren die Jahre, in denen die Kommunistische Partei endgültig den Rückhalt in der Bevölkerung verlor. Die Gesellschaft veränderte sich, und von dieser Aufbruchsstimmung getragen, stürzte sich die junge Journalistengeneration mit Leib und Seele in ihren Beruf, der sich bis dahin darauf beschränkt hatte, den banalen Besuch eines Generalsekretärs bei irgendeiner Kolchose zum Aufmacher des Tages zu stilisieren.

Die ersten privaten Radiosender entstanden, die Menschenrechtsorganisation Memorial, die 2022 den Friedensnobelpreis erhalten sollte, wurde gegründet, und der Physiker Andrej Sacharow verließ sein Exil in Gorki, um nach Moskau zurückzukehren. Alles kam wieder in Bewegung, alles erschien in einem neuen Licht.

Meine Eltern waren Teil dieser Welle, die bald nicht mehr aufzuhalten war. Mein Vater war eines der Gesichter des Fernsehmagazins *Wsgljad* (»Der Blick«), das erstmals im Oktober 1987 ausgestrahlt wurde und buchstäblich durch die Decke ging. An ihm waren Dutzende Journalistinnen und Journalisten beteiligt, doch heute, drei Jahrzehnte später, erinnern sich die meisten nur noch an ein paar wenige von ihnen, wie an Wladislaw Listjew, Alexander Ljubimow, Dmitri Sacharow, Wladimir Mukussew und meinen Vater. Die Sendung wurde zur Talentschmiede für investigativen Journalismus, ein Vorreiter der moderneren Talkshows, wo sich Kommentare und Analysen mit Reportagen abwechselten, die nur wenige Jahre zuvor undenkbar gewesen wären. Der ungewohnt informelle Stil machte sie vor allem bei den Jüngeren beliebt und ermöglichte es, zu von den führenden Medien sorgsam vermiedenen Themen Debatten zu entfa-

Anna und Alexander, jung und verliebt.

chen oder wieder anzustoßen. Man kann ohne Übertreibung sagen, dass jede Folge im ganzen Land ungeduldig erwartet wurde, von Wladiwostok bis Kaliningrad. Die Freiheit brach sich überall Bahn, schlüpfte durch die immer loseren Maschen einer Propaganda, die mit der Entwicklung der Realität kaum noch Schritt halten konnte.

Mein Vater behandelte viele heikle Themen, darunter die Nuklearkatastrophe von Tschernobyl, zu deren dramatischen Folgen er recherchierte. Neun Tage nach dem Unglück entsandte ihn die Redaktionsleitung an den Unfallort, und er ging sogar nach Prypjat, die am schlimmsten verstrahlte Stadt der Gegend. Anschließend besuchte er die Dörfer rund um das Kernkraftwerk und sprach mit jenen, die sich weigerten, ihre Häuser zu verlassen. Es war unglaublich, wie diese Menschen, obwohl sie sich der Gefahr für ihre Gesundheit bewusst waren, einfach weiter in dem radioaktiv extrem verseuchten Umfeld lebten. Es dauerte nicht lange, bis sich auch bei meinem Vater die ersten Symptome der Strahlenkrankheit zeigten: Ihm fielen die Haare aus, und er gewann stark an Gewicht.

Für seine Recherchen begab sich mein Vater auch häufig ins Minsker Zentrum für Hämatologie, wo die betroffenen Kinder behandelt wurden. Das heißt, eigentlich wurden sie nicht behandelt, da es weder Geld noch Betten oder Medikamente in ausreichender Menge gab. Etliche starben, ohne dass man etwas hätte tun können. Nachdem seine Reportage gesendet worden war, begann man im ganzen Land Spenden zu sammeln, und die Situation änderte sich grundlegend.

Die Tatsache, dass Journalisten kritisch über eine Angelegenheit berichten konnten, die man nur wenige Jahre zuvor unter einer Decke aus von der Staatssicherheit diktierten Auslassungen erstickt hätte, war der offensichtliche Beweis dafür, dass der Prozess der Perestroika mittlerweile unumkehrbar war.

3
Der Staatsstreich

Im Sommer 1991, als sich die Sowjetunion praktisch auflöste, war ich elf Jahre alt. Drei Tage lang, vom 19. bis zum 21. August, herrschte Chaos im ganzen Land.

Wir machten gerade an der Ostsee Urlaub. Gemeinsam mit einigen befreundeten Familien hatten meine Eltern ein großes Haus am Strand gemietet, wo wir alle zusammen wohnten.

Als ich am Morgen des 19. August aufwachte und ins Erdgeschoss hinunterging, sah ich eine höchst merkwürdige Szene: Die Erwachsenen saßen schweigend im Halbkreis um den Fernseher und schauten sich Tschaikowskis *Schwanensee* an.

Es war eine eherne Tradition, dass die Aufzeichnung dieses Balletts immer dann gesendet wurde, wenn ein Generalsekretär der Kommunistischen Partei der Sowjetunion gestorben war. Diesmal jedoch war niemand gestorben. Eine Gruppe einflussreicher Politiker, darunter Minister und Verantwortliche der Streitkräfte, hatten Gorbatschow abgesetzt und den Notstand über das Land verhängt. Zufälligerweise waren Papa und mein Bruder Ilja gerade nach Moskau gereist. Sie trafen genau zu Beginn des Staatsstreichs ein. Mein Vater brachte Ilja zu unserer Großmutter und begab sich dann zum Weißen Haus, dem russischen Regierungssitz, wo sich unter Boris Jelzins Führung die Widerständler gegen den Putsch verschanzt hatten. Es sollte bald zum Schauplatz der Kämpfe um die Unabhängigkeit des neuen Russlands werden.

Ich fragte Mutter, was los sei. Sie antwortete, die Putschisten hätten Moskau besetzt, Panzer würden in die Stadt vorrücken und unweit unserer Straße, die genau an der Kremlmauer beginnt, Stellung beziehen. Tatsächlich wurde Moskau auf Befehl der Umstürzler von 4000 Soldaten besetzt, außerdem rollten 279 Gefechtsfahrzeuge der Infanterie und 362 Panzer in die Stadt. Dessen ungeachtet kehrten auch wir am nächsten Tag nach Hause zurück.

Aus der ersten Zeit nach unserer Rückkehr ist mir vor allem ein Bild in Erinnerung geblieben: meine Mutter, die auf einer Bank im Innenhof unseres Hauses sitzt und weint. Ich dachte, sie mache sich Sorgen um meinen Vater, der noch immer nicht vom Weißen Haus zurückgekehrt war. Später habe ich den wahren Grund erfahren: Drei junge Demonstranten hatten sich den Putschisten entgegengestellt und waren mitten im Herzen Moskaus von einem Schützenpanzer überrollt worden und gestorben. Bei dieser Nachricht hatte meine Mutter die Tränen nicht zurückhalten können. Der Zwischenfall war für sie ein Beispiel dafür, dass viel zu oft gerade die kleinen Leute Leidtragende und Opfer epochaler historischer Umbrüche sind. Ein Thema, das sich wie ein roter Faden durch ihre gesamte berufliche Laufbahn ziehen sollte.

Damals wurde mir zum ersten Mal eingeschärft, wie ich mich zu verhalten hätte, falls die Dinge eine schlimme Wendung nehmen sollten.

Meine Mutter sagte mir, dass wegen Vaters Aktivitäten

Moskau, Neunzigerjahre.
Anna und Alexander in der Wohnung von Freunden.

möglicherweise jemand kommen und sie abholen würde. Sie zeigte mir in unserer Wohnung Orte, an denen ich mich verstecken konnte, und erklärte mir, was ich tun sollte, falls man sie verhaften würde.

Zum ersten Mal in meinem Leben sah ich eine Pistole. Kühl und bestimmt zeigte Mama mir ihr Versteck. Für Gefühle, die meine Sicherheit hätten gefährden können, war kein Platz. »Wenn sie kommen, um mich zu holen, denk nicht weiter nach und versteck dich. Dann wartest du ein paar Stunden. Wenn alles ruhig ist, kommst du heraus, nimmst die Pistole und läufst zu Großmutters Wohnung, immer an der Oberleitung der Buslinie entlang. Sieh nur nach vorn, dreh dich nicht um.«

Zum Glück ist von all dem nichts eingetreten.

Der Staatsstreich vom August fand seine Fortsetzung in den Ereignissen des Oktobers 1993, tragisches Finale der Konfrontation zwischen Anhängern und Gegnern Boris Jelzins und seiner Reformen. Dabei feuerten die Sicherheitskräfte aus den Panzerfahrzeugen und stürmten das Parlamentsgebäude in Moskau. Nach offiziellen Angaben verloren 158 Menschen ihr Leben.

Als ich im September 1991 in die Schule zurückkehrte, war meine Klasse in zwei Fraktionen gespalten. Einige Kinder redeten nicht mehr mit mir wegen der Position, die mein Vater während des Staatsstreichs bezogen hatte. Andere, die Minderheit, waren auf meiner Seite. Dieser Umstand stürzte mich anfangs in ziemliche Verwirrung, aber meine Eltern erklärten mir, die Mehrzahl der Kinder könne gar nicht richtig verstehen, was vor sich gehe, und plappere einfach nach, was sie zu Hause höre.

Vor dem Zusammenbruch der Sowjetunion betrachteten meine Eltern als Gegner des politischen Systems die Geschehnisse im Land oft kritisch. Zu Hause spotteten und scherzten sie mit einem gewissen Sarkasmus über viele Details des sowjetischen Alltags und machten uns gegenüber keinen Hehl aus ihrer Meinung über die »Parteipolitik«. Dennoch war meinem Bruder und mir lange nicht bewusst, in welcher Gefahr mein Vater schwebte – und folglich auch meine Mutter. Das Familienleben verlief in geordneten Bahnen, wenn man so will. Die Welt da draußen schreckte uns nicht, und wir fühlten uns wohl.

4
Putins Reich

1994 begann der Präsident der Russischen Föderation, Boris Jelzin, einen Krieg in Tschetschenien, der 1996 mit dem Rückzug seiner Truppen aus der Region endete, ohne jedoch die Frage der Unabhängigkeit Tschetscheniens geklärt zu haben.

1999, als der zweite Tschetschenienkrieg begann, gab Jelzins Gesundheitszustand schon seit Längerem Anlass zur Sorge. Jeder seiner öffentlichen Auftritte wurde ausgiebig kommentiert, und das nicht wegen seiner politischen Äußerungen. Man fragte sich, ob der Präsident noch in der Lage sei, das Land zu regieren. In jenem Jahr wurde ein eher unbekannter Funktionär zum Ministerpräsidenten ernannt: Wladimir Putin. Am 31. Dezember verkündete der Präsident seinen Rücktritt, und Putin übernahm das Amt zunächst interimsmäßig, ehe er bei den folgenden Wahlen im März 2000 antrat und vor dem Kandidaten der KPRF (Kommunistische Partei der Russischen Föderation), Gennadi Sjuganow, gewann.

So erzählt, klingt es beinahe wie ein zweiter Staatsstreich, und genau das war es: die Übergabe der Macht in die Hände einer Person, die de facto noch heute das Land beherrscht.

Putin ist ein ehemaliger *Tschekist*, so nennt man in Russland jene, die früher für den KGB gearbeitet haben. Der

Name leitet sich vom Akronym des ersten dieser schrecklichen Sicherheitsorgane ab: *TscheKa,* »Außerordentliche Kommission«, der von Lenin 1917 gegründeten Geheimpolizei. Fast alle Russen wissen, dass es in Wahrheit keine *ehemaligen* Tschekisten gibt.

Kaum zum Präsidenten gewählt, setzte Putin den Krieg in Tschetschenien fort. Während der sogenannten »Rochade« (2008–2012), als sein Steigbügelhalter Dmitri Medwedew für eine Amtszeit Präsident wurde und Putin die Funktion des Ministerpräsidenten bekleidete, führte Russland Krieg gegen Georgien um einige Grenzregionen (die selbsternannten Republiken Abchasien und Südossetien), der als »Friedensoperation« bezeichnet wurde. Als Putin erneut Präsident war, ließ er 2014 die Krim besetzen, dann annektieren und schließlich die Ukraine angreifen.

2020 konsolidierte Putin seine Macht durch eine sogenannte »Verfassungsreform«, auch wenn man diese in Wahrheit nicht als Reform bezeichnen kann. Die Änderungen am Grundgesetz der Russischen Föderation haben dem aktuellen Präsidenten noch größere Machtbefugnisse verliehen, vor allem aber wurden die Beschränkungen der möglichen Regierungszeit (Anzahl und Dauer der Mandate) für Putin ausgehebelt, indem man seine bisherigen Amtszeiten annullierte. Mit anderen Worten: Er kann noch bis 2036 russisches Staatsoberhaupt bleiben. Ungeachtet der Absurdität dieser Situation gab es nur vereinzelt Widerstand gegen das, was 2020 geschah.

Im Westen ist der bekannteste Putin-Gegner Alexej Nawalny, ein Blogger mit nicht immer ganz liberalen Ansichten, der seit Jahren die Korruption in den obersten Kreisen der Macht anprangert. Seine 2011 gegründete Stiftung für

Korruptionsbekämpfung ist die einzige Organisation in Russland, die derartige Nachforschungen betreibt. Sie hat Hunderte Untersuchungen veröffentlicht, von denen einige so schockierend sind, dass sie in jedem anderen Land zum Rücktritt der gesamten politischen Elite geführt hätten. Nicht so in Russland.

Am 20. August 2020 flogen Nawalny, seine Pressesprecherin Kira Jarmysch und sein Assistent Ilja Pachomow mit einer Maschine der S7 Airlines von Tomsk nach Moskau. Während des Fluges zeigte Nawalny Symptome schweren Unwohlseins und verlor das Bewusstsein. Der Pilot entschied sich für eine Notlandung auf dem Flughafen von Omsk, wo der Blogger in der toxikologischen Abteilung der Städtischen Klinik Nr. 1 intensivmedizinisch behandelt wurde. Dank der Intervention von Angela Merkel und Emmanuel Macron wurde Nawalny in ein Berliner Krankenhaus überführt. Kurz darauf bestätigte die deutsche Regierung, was viele bereits vermutet hatten: Er wurde mit dem Nervenkampfstoff Nowitschok vergiftet, der in der Vergangenheit bereits gegen andere Kreml-Kritiker eingesetzt worden war.

Nawalny wurde gewissermaßen zum Symbol der Opposition in Russland. Der Westen betrachtete ihn als Märtyrer, und das trotz seines unklaren politischen Programms sowie fremdenfeindlicher und rassistischer Vorfälle in seiner Vergangenheit. Nach der Genesung entschied sich Nawalny für die aufsehenerregende Rückkehr in seine Heimat, wo ihn das Gefängnis und ein Prozess wegen Betrugs und Veruntreuung erwarteten – vorgeschobene Beschuldigungen, die den Blogger zum veritablen politischen Gefangenen machen.

Warum hat er das getan, und was erhoffte er sich von seiner Rückkehr nach Russland? Das ist mir nach wie vor ein Rätsel. Es war klar, dass er im Gefängnis enden würde, und zwar für lange Zeit. Ich bin mir absolut sicher, dass ein Mann wie Nawalny viel für die Zukunft Russlands tun könnte, auch aus dem Ausland, jedoch frei, nicht hinter Gittern. Jetzt befindet er sich in einem Straflager bei Melechowo, ca. 250 Kilometer von Moskau entfernt. Mindestens vier weitere Verfahren wurden gegen ihn eingeleitet, und seine Haft wird sich mit großer Wahrscheinlichkeit verlängern. Seit er im Gefängnis ist, hat er mehr Zeit in einer Strafzelle verbracht als zusammen mit den anderen Gefangenen.

Dabei handelt es sich nach seiner eigenen Aussage um einen »Betonzwinger von zweieinhalb mal drei Metern. Meistens ist es kalt und unerträglich feucht. Auf dem Boden steht das Wasser, und es gibt keine Belüftung. Das Bett ist an der Wand befestigt. Um fünf Uhr morgens nehmen sie dir die Matratze und das Kissen weg und klappen die Metallpritsche hoch. Um neun Uhr abends klappen sie sie wieder herunter und geben dir die Matratze zurück. Tagsüber hast du einen eisernen Tisch, eine eiserne Bank, ein Waschbecken und ein Loch im Fußboden.«

Eine Behandlung, die ganz nach dem – vielleicht erfolgreichen – Versuch aussieht, den Häftling im Gefängnis verrotten zu lassen. Im Januar und Februar 2021 gab es in beinahe zweihundert russischen Städten eine Reihe von Protesten zur Unterstützung Nawalnys, aber auch gegen Korruption und politische Verfolgung. Über elftausend Menschen wurden verhaftet, mehr als neuntausend Ordnungswidrigkeits- und circa neunzig Strafverfahren eingeleitet.

Allein in Moskau wurden in diesen Tagen dreimal so viele Personen verhaftet wie in den 15 Jahren davor. Während der Kundgebungen wurden auch über hundertfünfzig Journalisten und Hunderte von Passanten festgenommen. Menschenrechtsaktivisten verzeichneten zahlreiche Fälle von Gewalt, Einschüchterung, Folter und unmenschlicher Behandlung der Inhaftierten auf Polizeiwachen und in speziellen Sammellagern.

Alexej Nawalny ist nicht der einzige politische Häftling in Russland. Es gibt ihrer Hunderte, und die Liste wird immer länger. Zum Beispiel befinden sich der Politiker und Journalist Wladimir Kara-Mursa, der Oppositionelle Ilja Jaschin, der frühere Leiter der Bewegung Open Russia, Andrej Piwowarow, und viele, viele andere aktuell in Gefangenschaft. Und um zu begreifen, wie das System funktioniert, muss man sich nur die Verhaftung von Artjom Kamardin im September 2022 ins Gedächtnis rufen, der geschlagen und von den Sicherheitsbeamten mit einer Eisenstange vergewaltigt wurde. Ein junger Mann, dessen Verbrechen darin bestand, dass er auf einem Platz im Moskauer Zentrum ein politisches Gedicht vorgelesen hatte.

5
Wie man die Zensur überlebt

Ich habe für den Fernsehsender *Obschtschestwennoje Telewidenije Rossii* gearbeitet, was man mit »Öffentliches russisches Fernsehen« übersetzen könnte, auch wenn es sich um einen Privatsender handelt. Von Mai 2013, dem Zeitpunkt der Gründung, bis März 2022 war ich eine Autorin der Sendung *Praw!Da?*

Der Generaldirektor war Anatoli Lyssenko, ein bekanntes Gesicht des sowjetischen und russischen Fernsehens, Journalist, Regisseur und Produzent, der 2021 verstarb. Der Titel unserer Sendung ist doppeldeutig zu verstehen: *Prawda* bedeutet »Wahrheit«, aber *praw* bedeutet auch »ich habe recht, ich stehe auf der richtigen Seite«, und *da* heißt »ja«. Es handelte sich um ein mit Bedacht gewähltes Wortspiel.

Die Leidenschaft für den Fernsehjournalismus muss ich von meinem Vater geerbt haben, auch wenn ich nie vor der Kamera stand. Ich wirkte hinter den Kulissen, kümmerte mich um die Inhalte der Beiträge, die Studiogäste und die Postproduktion.

Meine Arbeit mochte ich sehr, sie erfüllte mich, auch weil unser Kanal seinerzeit der einzige im ganzen Land war, der politische und soziale Probleme ziemlich unbefangen und frei behandelte. Wer dort angestellt war, musste sich jedenfalls nicht dafür schämen, dass er das Berufsethos der Journalistinnen und Journalisten verriet. In der Redaktion verfuhren wir folgendermaßen: Wir wählten ein Kernthema und luden Gäste mit vollkommen verschiedenen Positionen dazu ein. Jeder bekam dieselbe Redezeit, keiner wurde bevorzugt. Unter den Gästen waren sogar Abgeordnete (aus den Regionalparlamenten und der Staatsduma), die mehr oder weniger auf Regierungslinie waren, und Vertreter dessen, was von der Opposition übrig war. Diese Methode schützte uns vor den Eingriffen der Zensur und dem Vorwurf der Parteilichkeit.

Bezeichnend war, dass der Abgeordnete oder kremltreue Spezialist, der jeweils an der Diskussion teilnahm, oft weitaus weniger überzeugend war als sein Widersacher. Im Regieraum machten wir Witze darüber, dass aus unerfindlichen Gründen die regierungstreuen Meinungsmacher immer ein bisschen rückständig und einfach gestrickt wirkten mit ihren pastoralen, langatmigen und wenig interessanten Einlassungen, während ihre Gegner Scharfsinn und profunde Kenntnisse über das zur Debatte stehende Thema bewiesen, konstruktiv waren und konkrete Lösungsvorschläge mitbrachten. Den Oppositionellen war nicht nur daran gelegen, vor der Kamera eine gute Figur abzugeben, und die Zuschauerinnen und Zuschauer konnten bestens erkennen, wie die Dinge lagen.

Uns gelang es, dem Publikum zu zeigen, was es auf anderen russischen Fernsehkanälen nicht gesehen hätte. Der größte Unterschied bestand darin, dass unsere Sendung sich mit innerrussischen, meist regionalen Fragen beschäftigte, die in einem Großteil der Medien nicht einmal Erwähnung fanden. Unsere redaktionelle Leitlinie hat uns jedoch nicht vor der einen oder anderen unschönen Erfahrung bewahrt.

Um ein Beispiel zu nennen: Einmal sendeten wir während der Pandemie einen Enthüllungsbericht über die unzureichende Behandlung von Covid-Patienten. Konstantin Markow, ein couragierter Anästhesist und Intensivmediziner aus der Region Pensa, hatte uns erzählt, dass in seiner Klinik – der einzigen in weitem Umkreis – reihenweise Patientinnen und Patienten ohne medizinische Versorgung starben, weil die Abteilungen aufgrund der Pandemie niemanden mehr aufnehmen konnten. Folglich konnten sie weder gebärenden Frauen noch Chirurgie- oder Unfallpatienten helfen. Ganz zu schweigen von der Tatsache, dass die Ärzte wegen fehlender finanzieller Mittel der Klinik Medikamente und Schutzbekleidung aus eigener Tasche bezahlten.

Die Sendung löste einen unglaublichen Wirbel aus, der sofort bis zu den obersten Etagen des Gesundheitsministeriums der Russischen Föderation drang. Soweit wir erfahren haben, wurde die Notlage nach einiger Zeit behoben, und das Krankenhaus konnte seinen geregelten Betrieb wieder aufnehmen. In der Folge aber haben die wichtigsten russischen Fernsehkanäle ihren Fokus immer weiter weg von heimischen Konfliktfeldern und ganz auf die internationale Agenda gerichtet, auf den »äußeren Feind«.

Nach dem Tod Anatoli Lyssenkos änderten sich die Dinge jedoch. Sein Nachfolger benannte den bekannten Journalisten Leonid Mletschin zum Leitenden Redakteur von *Praw!Da?*. Ich glaube, dass er unser Sendeformat verbessern wollte und das auch versucht hat. Ohne Erfolg. Unter seiner Führung sind die heiklen und relevanten Themen nach und nach verschwunden, und die Sendung hat die Zugkraft verloren, die sie in den Jahren davor entwickelt hatte. Mir war klar, dass es damit nur noch eine Frage der Zeit war, bis man sie einstellen würde. Und so kam es auch.

6
Meine Mutter hätte es Krieg genannt

Früh am Morgen des 24. Februar 2022 schrieb mir mein Bruder Ilja drei Worte: »Es geht los.« Ich weckte meine Tochter, die zur Schule musste, doch wir waren beide vollkommen erschüttert und konnten über nichts anderes sprechen als die Nachrichten aus der Ukraine. Russland bombardierte Kiew.

In den Stunden unmittelbar nach Beginn des Krieges herrschte in Moskau eine unwirkliche Atmosphäre. Alle machten einfach weiter wie bisher, die Stadt war rund um die Uhr geöffnet, es gab keinerlei Einschränkungen der Bewegungsfreiheit. Die Leute waren wie betäubt. Die Personen, mit denen ich in diesen Tagen sprach, konnten nicht glauben, dass sich alles geändert hatte und dass nichts mehr so sein würde wie früher. Doch es begannen auch einige Aktivistinnen und Aktivisten in diversen Städten des Landes, auf die Straße zu gehen.

Gegen den Krieg zu demonstrieren war nicht einfach. Für den Kreml gab es im Übrigen gar keinen Krieg. Die Streitkräfte waren mit einer »Spezialoperation« betraut, einer Art chirurgischem Eingriff gegen einen derart unwürdigen Gegner, dass dieser nicht mal einen richtigen Feldzug verdiente.

Artikel 353 des Strafgesetzbuchs der Russischen Föderation besagt, dass wer einen Angriffskrieg plant, vorbereitet oder auslöst, mit Freiheitsentzug von sieben bis fünfzehn Jahren (Absatz 1) bestraft wird, wer einen Angriffskrieg führt, mit einer Haftstrafe zwischen zehn und zwanzig Jahren (Absatz 2).

Nach zwanzig Jahren Hochbetrieb wusste die Propagandamaschine genau, was sie zu tun, wie sie sich auszudrücken hatte und durch welche Hintertüren sie in die Häuser der Russinnen und Russen eindringen konnte, damit diese »richtig« verstünden, was geschah. Wen kümmert's, wenn in den beiden Metropolen der eine oder die andere nicht daran glaubt. In den grenzenlosen Weiten des russischen Hinterlandes ist das Staatsfernsehen die einzige Informationsquelle, und wenn sie dort sagen, dass es keinen Krieg gibt, dann gibt es ihn nicht.

Jeden Abend fesseln die Nachrichtensprecher des Kreml das Publikum mit langen Diskussionen über westliche Desinformation und die Lügen der Ukraine an den Fernsehschirm. Unermüdlich bemühen die Sendungen das Bild des »guten russischen Soldaten«, der den vom Regime in Kiew unterdrückten Bürgern zuhilfe eilt. Es gibt weder Vergewaltigung noch Folter, weder getötete Zivilisten noch Plünderungen. Die Ereignisse von Butscha – jener ukrainischen Stadt, in der nach Abzug der russischen Belagerer zurückgelassene Leichen entlang der Straßen und Hunderte Tote in Massengräbern gefunden wurden – seien eine Erfindung der gegnerischen Propaganda, und die junge Frau namens Marianna Wischegirskaja, die dem Tod auf der Entbindungsstation des Krankenhauses von Mariupol wie durch ein Wunder entrann, wird beschuldigt, eine gut bezahlte Schauspielerin zu sein, die nicht einmal schwanger sei.

In Russland darf niemand gegen den Krieg demonstrieren. Trotzdem sind die Leute in kleinen vereinzelten Gruppen auf die Straße gegangen und haben Schilder mit dem Friedenssymbol und den Worten NEIN ZUM KRIEG hochgehalten. Der spontan entstandenen Bewegung haben sich Tausende Menschen im gesamten Land angeschlossen. Laut der russischen Menschenrechts-NGO OVD-Info sind zwischen dem 24. Februar und dem 27. November 2022 beinahe zwanzigtausend Russinnen und Russen verhaftet worden, weil sie friedlich demonstrierten. Eine Zahl, die in den folgenden Monaten sicher noch gestiegen ist und weiter steigen wird, solange der Konflikt andauert.

Als Frau und als Journalistin empfand ich einen tiefen Schmerz. Jeden Tag wurde es schlimmer, jeden Tag hörte ich, dass jemand verhaftet worden war oder fliehen musste, weil er seine Meinung geäußert hatte. Mein Herz war bei den Demonstrierenden, und ich hätte so gerne mit ihnen protestiert, aber ich konnte nicht. In den vergangenen zehn Jahren wurden Gesetze erlassen, die den Bürgern das Demonstrationsrecht praktisch genommen haben.

Viele im Westen verstehen nicht, warum die Russinnen und Russen alles, was die Regierung tut, so fügsam hinnehmen. Warum sie sich nicht wehren, nicht auf die Straße gehen. Abgesehen davon, dass der Großteil der Bevölkerung damit beschäftigt ist, in prekären Verhältnissen zu überleben, sind die Strafen für die Teilnahme an Mahnwachen oder Kundgebungen derart verschärft worden, dass nur wenige ein solches Risiko eingehen. Während in Europa nach einem friedlichen »Protest« jede und jeder unbehelligt nach Hause gehen kann, landen in Russland die meisten Demonstrierenden auf dem Polizeirevier. Und es ist nicht ausgemacht, dass sie mit einer »einfachen« (in jedem Fall hohen) Geldbuße davonkommen, anstatt zwei Wochen in einer Zelle zu sitzen. Ja, häufig droht ihnen sogar ein Strafprozess.

Ich finde, ich habe als Mutter nicht das Recht, meiner Tochter das Leben schwerzumachen. Sie ist noch zu jung, um ohne mich auszukommen. Anna hat für mich absolute Priorität. Das ist so seit März 2007, als sie geboren wurde. Wenn sie nicht wäre, würde ich mich vielleicht anders verhalten. Ich wäre nicht so sehr um mein eigenes Schicksal besorgt.

Auch die Repressalien konnten die Plakat-Bewegung nicht aufhalten. Stattdessen hat sie ihre Strategien verfeinert, um die herrschenden Regeln zu umgehen. Die Schilder mit der Aufschrift NEIN ZUM KRIEG wurden weiß oder verschwanden ganz. Viele Leute machten nur pantomimisch die Geste, als hielten sie etwas in der Hand, ohne es wirklich zu tun. Doch auch in diesem Fall wurden sie festgenommen, als hätten sie wer weiß welches Gesetz gebrochen.

Die Anschuldigungen gegen die Demonstrierenden, von denen ein Großteil Frauen waren, lauteten »Diffamierung der Armee« und »Verbreitung von Fake News«. Für manche war die Sache zum Glück mit einem Bußgeld erledigt. Der Student Dmitri Resnikow musste 50 000 Rubel (etwa 700 Euro) bezahlen, weil er ein Schild mit Sternchen darauf gezeigt hatte: *** *****! Ein Bußgeld über 20 000 Rubel (etwa 300 Euro) wurde gegen Marina Dmitrijewa verhängt, die am 13. März 2022 ein Schild in der Hand hielt, auf dem *dwa slowa* (»Zwei Worte«) stand, womit *net woine* gemeint war – »Nein zum Krieg«.

Laut OVD-Info übersteigt die Summe sämtlicher seit Beginn des Krieges gegen russische Bürgerinnen und Bürger verhängter Bußgelder 250 Millionen Rubel (über 3 Millionen Euro). Wiederholungstätern drohen jedoch bis zu fünf Jahre Gefängnis.

Um ehrlich zu sein: Seit Ausbruch des Krieges war ich auf irgendeine aufsehenerregende Geste im Fernsehen gefasst, doch ich hatte nicht erwartet, dass sie ausgerechnet auf *Perwy kanal* zu sehen sein würde, dem wichtigsten kremltreuen Programm des Landes. Am 14. März, während die Regierung Fernsehsender und Zeitungen schloss und die Internetseiten der Opposition sperrte, hielt die vierundvierzigjährige, in Odessa geborene Marina Owsjannikowa, die seit Jahren als Journalistin für den Sender arbeitete, während der Abendnachrichten ein Plakat vor die laufenden Kameras, auf dem stand: BEENDEN SIE DEN KRIEG, GLAUBEN SIE DER PROPAGANDA NICHT, HIER WERDEN SIE BELOGEN. RUSSEN GEGEN DEN KRIEG. Dazu rief sie einige Male: »Beendet den Krieg! Nein zum Krieg!«

Owsjannikowa wurde sofort gestoppt, und für ein paar Stunden verlor sich von ihr jede Spur. Niemand wusste, wo sie sich befand. Nach dem Prozess, der mit einem verhängten Bußgeld von 30 000 Rubeln (400 Euro) endete, erklärte die Journalistin, ihr Verhör habe 14 Stunden gedauert und man habe ihr währenddessen weder erlaubt zu schlafen, noch einen Anwalt hinzuzuziehen, noch ihre Verwandten anzurufen. Was nicht weiter überrascht, denn das ist mittlerweile gängige Praxis der Polizei.

Wenige Tage nach ihrer Entlassung bei *Perwy kanal* wurde über die sozialen Medien ein Video verbreitet, in dem sie die Verbrechen anprangerte, die in der Ukraine begangen wurden. Putin sei verantwortlich, Russland der Aggressor. Sie sagte, dass sie sich schäme, für die Propaganda des Kreml gearbeitet zu haben, und fügte hinzu: »Geht auf die Straße, habt keine Angst, sie können nicht alle einsperren.« Wenn es so einfach wäre. *Sie* können alle verhaften, die dagegen demonstrieren, und beschäftigen sich damit praktisch rund um die Uhr. Wie am Fließband.

Am 24. September 2022, genau sieben Monate nach Kriegsbeginn, schrieb die Aktivistin Alissa Klimentjewa mit blauer Kreide auf die Pflastersteine eines Platzes NET W…E. Ein ungeheurer Affront in den Augen der Polizei, die sie verhaftete. Die junge Frau wurde angeklagt, doch dem Richter erklärte sie, ihr Slogan habe nicht für *net woine* gestanden, sondern für *net woble* (»Nein zur Wobla«). Dieselbe Anzahl an Buchstaben, dieselbe Initiale, derselbe Kasus (Dativ), aber etwas ganz anderes. Der Richter sah sie verblüfft an. Inwiefern?, schien er zu fragen. Und Alissa erläuterte, sie sei Tierschützerin und ihr Protest richte sich dagegen, wie grausam und wahllos die Wobla, ein armes Fischlein, geangelt und getötet werde. Der Richter ließ die Anklage fallen. Es handelte sich hierbei um einen interessanten Präzedenzfall, etwas wirklich Einzigartiges: keine Verunglimpfung der russischen Armee, sondern gewöhnlicher Tierschutz-Aktivismus.

Alissa Klimentjewas Geschichte war zwar nur ein Einzelfall, doch sie verbreitete sich im Netz und machte sehr vielen Bürgerinnen und Bürgern Mut, die darin eine Möglichkeit sahen, die absurden Vorschriften der Regierung zu umgehen und ihre Meinung frei auszudrücken. In den sozialen Medien entstand eine regelrechte Bewegung. Die Nutzer von VKontakt (VK, die eng an den Staat gebundene russische Social-Media-Plattform, die zugleich eine der populärsten des Landes ist) fingen an, den Fisch als Meme zu nutzen, was die Absurdität der staatlichen Unterdrückung symbolisierte. Und der bekannte russische Künstler und Komiker Semjon Slepakow, der inzwischen in Israel lebt, schrieb ein Lied über Alissas Geschichte, das sofort viral ging. »Von dieser Wobla«, so lautet der Text, »kommt alles Übel auf der Welt. Familien werden zerrissen, unschuldige Kinder leiden. Brüder und Schwestern, lasst uns alle gemeinsam sagen: ›Nein zur Wobla, nein zur Wobla, nein zur giftigen Wobla.‹ Dieses Wesen hat auch starke Kiefer, es ernährt sich von Wirbellosen, deren Population sie dezimiert, anders ausgedrückt, sie zerstört ihre Nation.« Die User der sozialen Netzwerke re-posteten es in einem fort mit Kommentaren wie »Nein zum Krieg, Scheiße, nein, nein zur Wobla!«

Das war ein schöner Befreiungsschlag dank ein wenig Einfallsreichtum, Kreativität und Mut. Doch anschließend haben die Strafverfolgungsbehörden mit dem Argument, das Gericht habe nicht alle vorgelegten Beweise berücksichtigt, Einspruch gegen die Entscheidung des Richters eingelegt und betont, Klimentjewa habe mit ihren Aktionen die Armee der Russischen Föderation diskreditiert. So hat das Berufungsgericht das Urteil des Bezirksgerichts von Tjumen aufgehoben, und die junge Frau wurde schließlich schuldig gesprochen und zu einem Bußgeld von 30 000 Rubeln verurteilt.

Die Demokratie hat einen Preis. Um die Bürgerinnen und Bürger davon zu »überzeugen«, dass es besser ist, zu Hause zu bleiben, anstatt auf die Straße zu gehen, haben sich die Behörden in mehr als einem Fall dazu verstiegen, den

Demonstrierenden die Kosten der öffentlichen Sicherheit in Rechnung zu stellen, wie die Überstunden der Ordnungshüter oder die Benzinkosten für Streifen- und Mannschaftswagen. Außerdem sind örtliche Transportunternehmen, die Moskauer Metro und ein Taxibetrieb rechtlich gegen die Demonstrierenden vorgegangen. Man mag es kaum glauben, aber Richter der verschiedenen Tribunale haben diesen Anzeigen und Regressforderungen stattgegeben, sodass die Bürgerinnen und Bürger ungeheure Geldsummen berappen mussten, die sich in einigen Fällen auf bis zu einer Million Rubel beliefen (etwa 13 000 Euro).

In meinem Land ist die Freiheit ein Luxus, den sich nur wenige leisten können.

7
Der Krieg der Armen

Ehe Putin die Teilmobilmachung anordnete, hatte man vor allem junge Männer aus den grenzenlosen Randgebieten des Landes, kaum jemanden aus den Großstädten, in die Ukraine entsandt. Blutjunge Rekruten, die mit minimaler Grundausbildung an die vorderste Front geschickt wurden. Praktisch Kanonenfutter.

Unter den getöteten Soldaten war David Arutjunjan, noch keine 19 Jahre alt. Er starb in der Region Donbass, getroffen von einem Bombensplitter. Einer der vielen jungen Russen der sogenannten »Generation Putin«, unerfahren und ungeeignet, um in einem so schweren Konflikt, wie er sich in der Ukraine abspielt, zu bestehen. Im Übrigen war Russland nie zimperlich. Man muss nicht weit in die Vergangenheit zurückgehen, um sich davon zu überzeugen. Die russische Geschichte des 20. Jahrhunderts ist geprägt von Tragödien, die Millionen Menschen das Leben gekostet, ja, ganze Generationen verheizt haben. Die Verantwortung tragen diejenigen, die jeweils das Land regierten, ob nun russisches Zarenreich oder Sowjetunion.

Manche der »unreifen« russischen Soldaten kommen frisch aus den Ausbildungseinheiten, wo sie bestenfalls lernen, wie man die Schikanen der Älteren übersteht, dazu noch ein paar militärische Grundlagen. Nichtsdestotrotz wurden auch die Wehrpflichtigen zu Beginn der »militärischen Spezialoperation« an die vorderste Frontlinie geschickt, was durch offizielle Quellen bestätigt wurde. Viele andere, die bei Kiew, Mariupol oder Charkiw gekämpft haben, sind, rein formell betrachtet, Berufssoldaten. Was jedoch nur heißt, dass man sie während ihres Wehrdienstjahres oder kurz vor der Entlassung überredet hat, sich weiter in der Armee zu verpflichten. Eine Spezialausbildung haben auch diese nicht durchlaufen, ehe sie in Kämpfe geschickt wurden, die laut der seit Monaten vom Kreml wiederholten Parole nicht Teil eines Krieges, sondern einer »militärischen Spezialoperation« sind.

David Arutjunjan wollte gerade einem Kameraden zuhilfe eilen, als ihr Panzerfahrzeug getroffen wurde. Er kam aus Kjachta, südlich des Baikalsees, nicht weit von der mongolischen Grenze. Auch Ilja Kubik war 18 Jahre alt, er stammte aus der Stadt Bratsk in Sibirien. Weitere auf der Liste sind, neben vielen anderen, der neunzehnjährige Anatoli Torsunow aus der Region Perm, der gleichaltrige Alexej Kusmin aus Magnitogorsk und Alexej Martynow, wie David aus Burjatien. Dutzende und Aberdutzende Namen kommen hinzu, während die Leichen nach und nach in die Heimat zurückkehren, und das Einzige, was ihre Eltern noch tun können, ist, für ein anständiges Begräbnis zu sorgen.

Diese jungen Männer wurden geboren, während die Idee eines demokratischen und liberalen Russlands unterging, eine Idee, die Gorbatschow uns allen, vielleicht unbewusst, als Erbe hinterlassen hat. Als Putin 1999 zum Premierminister ernannt wurde, war seine Machtposition noch recht wackelig. Er fing an, sie damit zu festigen, dass er patriotischen Stolz und Ehrgefühl entfachte, indem er zum Kampf gegen die tschetschenischen Terroristen aufrief. »Wir erwischen sie im Bad? Dann knallen wir sie eben auf dem Scheißhaus ab«, versprach er seinen Landsleuten. Und prompt wurde Grosny dem Erdboden gleichgemacht.

Das Russland, das die jungen Leute von heute kennen, ist ein Land mit eingeschränkter Freiheit, es lebt in einer »souveränen Demokratie«, die von oben geführt wird, wie Wladislaw Surkow theoretisierte, in den frühen Nullerjahren einer der Berater des Präsidenten. Die Fachleute aus der Politikwissenschaft nennen das System inzwischen »Demokratur«, ein Mittelding zwischen Demokratie und Diktatur. Eine stolze Nation, von Gott auserwählt, mächtig auf dem Papier, in Wahrheit aber voller ungelöster Probleme und unerfüllter Ansprüche.

Wer kann, meidet in Russland den Militärdienst wie der Teufel das Weihwasser, weil man in den Kasernen vor nichts sicher ist, vorausgesetzt, man überlebt die hemmungslosen Schikanen durch Dienstältere. Zudem ist allgemein bekannt, dass die Soldaten selbst in Friedenszeiten in unwirtliche Gebiete entsandt werden, auf dass sie »wahre Männer« werden und lernen, sich mit kargen Essensrationen und mangelhafter Ausrüstung durchzuschlagen. Das imposante Modernisierungsprogramm der Streitkräfte, mit Kosten von mehreren Milliarden Euro, hat zum Großteil nur auf dem Papier stattgefunden. Wo das Geld dafür abgeblieben ist, weiß keiner.

Anfangs haben in der Ukraine vor allem mittellose junge Männer gekämpft, die aus den abgelegensten Winkeln des Landes stammten. Inzwischen hat sich die Situation geändert. Da die »militärische Spezialoperation« viel mehr Soldaten als erwartet verschlingt, nutzt man jede erdenkliche

Methode, um deren Zahl aufzustocken. Die Offiziere wissen genau, dass man mit derart unerfahrenen jungen Männern wenig ausrichten kann. Streng genommen dürften Soldaten in der Grundausbildung gar nicht in den Kampf geschickt werden. Aber mittlerweile musste selbst der Kreml – bei laufender Operation – einräumen, dass doch tatsächlich Fehler gemacht wurden. Weshalb nun auch Einwohner der beiden Metropolen – Moskau und Sankt Petersburg – rekrutiert werden, die mit allen Mitteln versuchen, sich dem zu entziehen.

Mit der am 21. September 2022 verkündeten Teilmobilmachung hat der Krieg Einkehr in die Haushalte vieler russischer Familien gehalten. Im siebten Monat seit Beginn der Invasion der Ukraine haben viele plötzlich gemerkt, dass der Konflikt nicht irgendwo in der Ferne stattfindet, sondern hier und jetzt. Es kann deinen Sohn, deinen Bruder, deinen Vater oder deinen Ehemann treffen, denn schon in der ersten Phase der Mobilmachung sind laut offiziellen Quellen 310 000 Reservisten einberufen worden.

Nach Abschluss der Teilmobilmachung ist man zur alljährlichen Einberufung der jungen Grundwehrpflichtigen übergegangen und hat, wie bei der Teilmobilmachung, begonnen, die Achtzehnjährigen auf der Straße abzufangen. Polizeimannschaften legen sich in den Einkaufszentren auf die Lauer, um Soldaten zu rekrutieren. Oder sie gehen, zum Beispiel am Freitagabend, in Lokale, die von jungen Leuten frequentiert werden, und drücken ihnen direkt den Einberufungsbefehl in die Hand. Dank eines neuen Gesetzes zur digitalen Wehrerfassung ist inzwischen auch die händische Zustellung in Papierform nicht mehr nötig; eine bloße E-Mail reicht aus, um einberufen zu werden. Dann werden die jungen Männer geradewegs in die Militärkommandantur gekarrt. Sind sie erst einmal dort gelandet, bekommen die Rekruten ihr Zuhause wohl erst wieder zu Gesicht, nachdem sie ihren Militärdienst abgeleistet haben. Ich kenne viele Familien, deren Söhne nicht mehr aus dem Haus gehen oder, statt mit der U-Bahn, mit dem Auto oder dem Taxi durch Nebenstraßen zur Arbeit und in die Universität fahren, immer auf der Hut vor Staus und Kreuzungen. Sie sind die neuen Unsichtbaren. Mit Spontanrekrutierungen auf der Straße sind schätzungsweise 120 000 junge Männer ausgehoben worden. Es ist nicht ausgeschlossen, dass manche, wenn nicht alle, an vorderster Front landen.

Zum Kampf in die Ukraine ziehen auch die aus Zentralasien stammenden Migranten, die in den Großstädten keine Arbeit gefunden haben. Sie lassen sich von den Versprechungen eines vermeintlich hohen Solds locken, von Prämien und zukünftigen Privilegien für die Veteranen und natürlich auch von der Aussicht auf eine rasche Einbürgerung, den ersehnten russischen Pass, den sie andernfalls nie bekommen würden. Auch wenn die Wahrscheinlichkeit, dass sie lebend von der Front zurückkehren, ehrlich gesagt gering ist.

Ungefähr dreihundert junge Soldaten aus Südossetien (eine Region, die 2008 Georgien entrissen wurde, ähnlich wie es 2014 der ukrainischen Krim widerfuhr) sind an der Front desertiert und in die Heimat zurückgekehrt. Aber sie werden kein leichtes Leben haben: Im September 2022 hat Putin ein Paket mit Änderungen des Strafgesetzbuches verabschiedet, das das Desertieren oder Nicht-Erscheinen zum Wehrdienst mit Gefängnis zwischen fünf und zehn Jahren bestraft. Außerdem muss, wer sich freiwillig dem Feind ergibt, mit einer Freiheitsstrafe von bis zu zehn Jahren rechnen. Wer während der Mobilmachung oder unter Kriegsrecht desertiert, riskiert bis zu 15 Jahre.

Woche für Woche haben die Behörden, während der Kampf sich immer weiter in die Länge zog und die Verluste stiegen, die Aushebung von »Vertragssoldaten« ausgeweitet. Diese Einheiten bestehen aus Freiwilligen, die nicht zum Erscheinen gezwungen werden können. Das Angebot ist allerdings verlockend: Wer sich rekrutieren lässt, dem werden Monatsgehälter von 3500 bis 3700 Euro garantiert, fast das Zehnfache des Basissolds zu »normalen Zeiten« (auch wenn das versprochene Geld oft nicht eintrifft). Ein Gesetz räumt diesen Vertragssoldaten außerdem das Recht ein, jederzeit nach Hause zurückzukehren. Es genügt ein schriftlicher Antrag, auf dem die Gründe für den Rücktritt dargelegt werden. In der Realität weisen die Kommandeure das Kündigungsgesuch jedoch ab. Auf die Männer wird Druck ausgeübt, damit sie bleiben. Die Soldaten werden eingeschüchtert, indem man ihnen gravierende Konsequenzen bis hin zu Gefängnis androht. Zwar sind in diesen Fällen überhaupt keine Haftstrafen vorgesehen, nur wissen das viele nicht.

Nach Schätzungen der ukrainischen Geheimdienste sollen Tausende von der Front geflohen sein, einige Kampfeinheiten sollen sechzig bis siebzig Prozent der Soldaten durch Desertion verloren haben. Die russischen Dissidenten sind zurückhaltender in ihren Schätzungen und gehen von rund eintausend Deserteuren aus. Der Kreml schweigt hierzu ebenso wie zur Zahl der Gefallenen.

Die Gründe, nicht kämpfen zu wollen, sind vielfältig. Manche haben Verwandte in der Ukraine, andere sind sich erst an der Front über die Situation klar geworden. Und dann natürlich der Tod, allgegenwärtig und unberechenbar. Hinterbliebene berichten, sie hätten vom Verlust ihrer Angehörigen oft erst durch Kameraden oder über ukrainische Telegram-Kanäle erfahren. Oder sie begriffen, dass das Schlimmste eingetreten war, weil ihr Angehöriger sich nicht mehr zu Hause meldete. Die Russen wiederum tendieren dazu, die Leichen getöteter Kameraden einfach im Feld zurückzulassen.

Leider habe ich nicht den Eindruck, dass die vielen Tausend jungen Männer, die in Plastiksäcken zurückkehren – die berühmte »Fracht 200« –, den Glauben des Großteils der Bevölkerung an ihren obersten Anführer erschüttern. Nach dem 24. Februar 2022 ist Putins Zuspruch in der Bevölkerung noch weiter gewachsen, laut offizieller Statistik auf 83 Prozent. Viele Eltern erklären voller Stolz, ihre Söhne würden für das geheiligte Vaterland kämpfen. »Er ist für uns gestorben. Wir müssen weitermachen bis zum Sieg«, hat Natalja, die Mutter des in der Schlacht um den Flughafen Hostomel bei Kiew gefallenen Leutnant Jewgeni, vor den Mikrofonen der Deutschen Welle gesagt.

Aber es gibt auch Leute, die eine Gegenposition beziehen. Valentina Melnikowa zum Beispiel, Schlüsselfigur der Union der Komitees der Soldatenmütter, welche über zweihundert Organisationen von Aktivistinnen umfasst, die für die Rechte der Soldaten kämpfen. Seit mehr als drei Jahrzehnten setzen sich diese Frauen für die Belange der Wehrpflichtigen, der Berufssoldaten und ihrer Familien ein. Ich kann mich noch gut an ihr Engagement während des zweiten Tschetschenienkrieges erinnern. Damals bekam meine Mutter Hunderte Briefe von Verwandten der russischen

Soldaten, die in Tschetschenien kämpften, und eine Zeitlang hat sie selbst mit der Union zusammengearbeitet.

Die Organisation hilft den Müttern auch, die Leichen ihrer Söhne wiederzufinden und nach Hause zurückzuholen. Die Hinterbliebenen bewegen sich in einem bürokratischen Chaos, das jenem ähnelt, von dem schon meine Mutter berichtete. Während der Belagerung Grosnys 1994 blieben die gefallenen russischen Soldaten tagelang auf der Straße liegen, weil die Kommandeure verboten hatten, sie zu bergen. Und auch heute ruhen Tausende Leichen in den Kühlzellen von Charkiw und warten seit Monaten darauf, ihren Familien zurückerstattet zu werden, die womöglich noch gar nichts von dem Verlust, den sie erlitten haben, wissen.

Wie bereits erwähnt, stammen viele der in der Ukraine eingesetzten Soldaten aus Burjatien, einer Region, die in Ostsibirien, zwischen dem Baikalsee und der Mongolei, liegt. Sie werden als die »grausamsten unter Putins Soldaten« bezeichnet, was nicht ganz der Wahrheit entspricht. Dieser Ruf geht nämlich auf die Geschehnisse von Butscha zurück, die traurige Berühmtheit erlangt haben. Nachdem man dort die Leichen Hunderter Zivilisten entdeckt hatte, überschwemmten Fake News das Netz, die eben jene Soldaten aus Burjatien für die Massaker verantwortlich machten.

Dagegen hat Oleksi Arestowytsch, Berater des ukrainischen Präsidenten Wolodymyr Selensky, unmissverständlich verkündet, die Gräueltaten von Butscha seien von »kräftigen slawischen Männern« begangen worden.

Als weiterer »Beweis« für die Grausamkeit der Burjatier wurde ein Vorfall aus dem Sommer 2022 verbreitet. Ein Soldat – der in Wahrheit nicht aus Burjatien, sondern aus Tuwa, einer Region in der Nähe, stammte – hatte einem gefangenen ukrainischen Soldaten die Genitalien abgetrennt, die Gräueltat gefilmt und das Video ins Internet gestellt, wo es in den sozialen Medien die Runde machte.

Aufgrund fehlender Informationen lassen sich die tatsächlichen russischen Verluste auch am Jahresende 2022 noch schwer beziffern. Nach vorläufigen Zahlen liegt die südrussische Region Krasnodar an der Spitze, was die Zahl der Gefallenen angeht. Dagestan steht an zweiter Stelle, gefolgt von Burjatien. Unter den Moskauern dagegen gibt es extrem wenige Tote, obwohl sie fast neun Prozent der Gesamtbevölkerung ausmachen. Moskau und Sankt Petersburg sind traditionell die Städte, wo die Opposition am stärksten ist, und eine so geringe Zahl an Gefallenen verhindert, dass sich hier der Widerstand formiert. Die Kinder Moskaus und Sankt Petersburgs sind nicht mit den Kindern Ulan-Udes, der Hauptstadt der autonomen Republik Burjatien, zu vergleichen oder mit denen Machatschkalas, der Hauptstadt Dagestans, deren Stimmen in der sibirischen Steppe oder in den kaukasischen Bergen verhallen.

Eine ganze Generation wird einen sehr hohen Preis bezahlen, wie schon im Zweiten Weltkrieg, bei der Invasion in Afghanistan und im Tschetschenienkrieg. Zu diesem Tribut zählen nicht nur die Gefallenen. Unter den vermeintlich Glücklichen, die lebend aus dem Krieg zurückkehren, sind die psychischen Folgen unabsehbar, ganz zu schweigen von der Unzahl an Kriegsversehrten, die nicht wissen werden, wie sie ein Auskommen finden sollen.

Die russischen Waffen sind veraltet, die Munition knapp, viele Soldaten haben die Ausrüstung sogar aus eigener Tasche bezahlen müssen: Stiefel, kugelsichere Westen und Verbandskasten.

Die Einberufenen in den Militäreinheiten bitten Frauen und Mütter um ihre Hygieneartikel: Damenbinden dienen dazu, die nassen Schuhe und Stiefel zu trocknen, Tampons, um Einschusslöcher zu stopfen. Außerdem braucht es Aderpressen, Desinfektionsmittel, Verbandszeug. Es reicht nicht für alle. Ein schwarzer Plastiksack in Mannsgröße wird dagegen jedem Soldaten ausgehändigt.

Jetzt, da die Ukrainer effektive Waffen haben, gut ausgerüstet sind und die Gegenoffensive aus Kiew viel stärker ist, als die russischen Kommandeure erwartet hatten, kommt der menschliche Faktor voll zum Tragen. Seit Monaten erleidet die Armee schwere Verluste. Ganze Einheiten sind vom Feind aufgerieben worden, und die Überlebenden haben vergeblich auf Verstärkung gewartet. »Man hat uns im Stich gelassen!«, »Die Kommandeure haben sich davongemacht, und wir sitzen ohne Proviant und Munition da.« Solche Nachrichten von den Schlachtfeldern finden in den sozialen Netzwerken ihren Widerhall, und die Kriegsmoral der Russen, die ohnehin nicht besonders hoch war, da vielen der Zweck dieser Operation nicht eingeleuchtet hatte – also wofür sie eigentlich auf fremdem Boden sterben sollten –, ging noch weiter in den Keller. Die ukrainischen Soldaten wissen dagegen genau, wofür sie kämpfen: Sie verteidigen ihr Land, und deshalb ist ihre Kampfmoral eine ganz andere.

Ich bin zwar russische Staatsbürgerin, aber der blinde Nationalismus und der Pseudopatriotismus, die in meinem Land befeuert werden, widern mich an. Wenn ein Land zum Aggressor wird, muss sich der Leidtragende, der attackiert wird, verteidigen. Ich denke, es ist richtig, dass der Westen die Ukraine bei der Verteidigung aktiv unterstützt.

Wäre das nicht geschehen, wäre der Krieg schon zu Ende. Ich glaube, der Kreml selbst hat zu Beginn der Invasion darauf gewettet, dass die Hilfe des Westens ausbleiben würde. Was ich sage, mag wie ein Widerspruch klingen, da ich überzeugte Pazifistin bin. Ich hasse den Krieg und alles, was er mit sich bringt. Aber dieser Widerspruch ist unauflöslich. Ich will Russland als ein blühendes, freies und entwickeltes Land erleben, nicht besinnungslos, arm und militarisiert.

Wie auch immer die Dinge sich entwickeln werden – schon jetzt scheint eines auf jeden Fall klar zu sein: Russland wird diesen Krieg nicht gewinnen. Es hat ihn im Grunde schon verloren.

Als meine Mutter anfing, sich mit Tschetschenien zu befassen, war sie weder Kriegskorrespondentin noch Expertin für jene Region. Auch sie hasste Krieg. Es war der Direktor der *Nowaja Gaseta*, der entschied, sie dorthin zu entsenden. Im Vorwort zu ihrem Buch *Tschetschenien. Die Wahrheit über den Krieg* erklärt sie:

> Das Kalkül des Chefredakteurs war denkbar einfach: Gerade ich als zutiefst ziviler Mensch könnte sie viel besser verstehen, die Leiden anderer zutiefst ziviler Menschen: der vom Krieg überrollten Bewohner der tschetschenischen Dörfer und Städte.
>
> Das ist alles.
>
> Deshalb fahre ich jeden Monat nach Tschetschenien, seit Juli 1999. Damals begann der so genannte, »Vorstoß Bassajews nach Dagestan«, der ganze Flüchtlingsströme aus den Gebirgsdörfern in Bewegung setzte und den gesamten nachfolgenden Krieg provozierte. Natürlich habe

ich Tschetschenien in alle Richtungen erkundet. Und dabei unsägliches Leid gesehen. Das Schmerzlichste aber ist, dass viele meiner Helden, über die ich in diesen zweieinhalb Jahren schrieb, jetzt bereits tot sind. So sieht er aus, dieser furchtbare Krieg.

Der mittelalterliche.

Auch wenn er sich am Übergang vom 20. zum 21. Jahrhundert und hier in Europa abspielt.

Viele Menschen rufen in der Redaktion an, viele schreiben Briefe und stellen oft die gleiche Frage: Wozu schreiben Sie das? Wieso erschrecken Sie uns? Wozu brauchen wir das?

Ich bin überzeugt, es muss sein. Aus einem einfachen Grund: Wir sind die Zeitgenossen dieses Krieges, und wir werden uns für diesen Krieg verantworten müssen [...] Und dann werden die klassischen sowjetischen Ausreden nicht mehr helfen: Ich war nicht dabei, ich habe mich nicht beteiligt [...] Merken Sie sich das. Irgendwann werden auch Sie frei von Zynismus sein. Und von Rassismus, in dessen tiefen Sumpf unsere Gesellschaft immer mehr hineinrutscht. Und von den unüberlegten, schrecklich persönlichen Entscheidungen darüber, wer wer ist im Kaukasus und ob es dort heute überhaupt Helden gibt [...].

Meine Mutter liebte das Adrenalin nicht, mit dem gewisse männliche Journalisten Krieg spielen. Sie fuhr hin, um Zeugnis abzulegen, um Opfern Gehör zu schenken, um dem Schmerz Ausdruck zu verleihen. »Ich bin wie eine Dichterin. Ich lebe das Leben und schreibe über das, was ich sehe«, sagte sie mir.

8
Die Flucht

In der Woche nach Kriegsbeginn konnte ich keinen klaren Gedanken fassen. Ich war kaum in der Lage, zu arbeiten, mich auf irgendetwas zu konzentrieren, was nicht mit der neuen Realität zu tun hatte. Jeden Morgen erwachte ich in der Hoffnung, ich hätte alles nur geträumt. Aber nein, die Wirklichkeit war hier, vor unseren Augen, erbarmungslos, und so ging ich niedergeschmettert meinen täglichen Verpflichtungen nach. Ich zwang mich, keine Nachrichten mehr zu lesen, und betete mir ein deutsches Sprichwort vor, das in etwa so lautet: »Krieg ist Krieg, aber das Leben geht weiter.«

Ich habe meine Tochter allein großgezogen, und wie jede alleinerziehende Mutter habe ich so gut wie nie Zeit für mich gehabt. Auch wenn dein Land im Krieg ist, muss die Wohnung sauber sein, das Essen muss gekocht und auf den Tisch gestellt werden, und die Mutter, also ich, muss der heranwachsenden Tochter dabei helfen, mit dieser schwierigen Situation zurechtzukommen. Sobald der erste Schock überwunden war, fing ich an zu überlegen, was ich tun sollte.

Vor allem wurde mir sehr schnell klar, dass ich meine Arbeit aufgeben musste. Das Klima wurde jeden Tag eisiger. Man schloss ein unabhängiges Informationsmedium nach dem anderen und begann all jene zu verhaften, die es wagten, ihre Ablehnung gegen den Krieg kundzutun. Tatsächlich wurde gleich in den ersten Tagen der Invasion in Russland die Militärzensur eingeführt. Das heißt, die Medien wurden gezwungen, nur aus offiziellen Quellen stammende Informationen zu verwenden, und es wurde verboten, die russische Offensive in der Ukraine als »Krieg« oder auch nur als »Angriff« zu bezeichnen. Den Journalisten war es verboten, der Obrigkeit nicht. Einige Zeit nach Beginn der Invasion fingen die Politiker selbst an, die »militärische Spezialoperation« in der Öffentlichkeit als Krieg zu bezeichnen. Doch niemand hat sie deswegen verklagt.

Das Verbreiten von Informationen, die nicht aus offiziellen Kanälen stammten, zog zunächst eine Geldbuße nach sich, dann ein Tätigkeitsverbot, schließlich den Entzug der Sendelizenz für Radio- oder Fernsehstationen beziehungsweise das Verbot von Druck und Verkauf von Zeitungen. Im Laufe des ersten Kriegsmonats wurden in Russland Gesetze verabschiedet, die die Verbreitung von »Fake News« über die Aktionen der russischen Streitkräfte unter Strafe stellen und mit bis zu 15 Jahren Gefängnis ahnden. Dies legitimierte die Verhaftung von Personen, die das Vorgehen russischer Soldaten in der Ukraine in den sozialen Medien oder in ihren eigenen Blogs kritisiert hatten.

Ich kündigte, ohne irgendwem die Gründe für meine Entscheidung zu nennen. Nur ganz wenige Menschen sollten über unsere Pläne Bescheid wissen. Pläne, die in Wahrheit nur aus dem ersten Schritt bestanden: Russland so schnell wie möglich zu verlassen.

Wie erwartet, überlebte die Sendung, für die ich gearbeitet hatte, nicht lang, auch wenn der Kanal nach wie vor existiert.

Zu all den generellen, mit dem Kriegsbeginn verbundenen Schwierigkeiten kam eine weitere hinzu, die allein meine Tochter betraf, welche unwillentlich in die Schusslinie geraten war. Sie heißt wie ihre Großmutter Anna Politkowskaja, weshalb sie in der Schule sofort zur Zielscheibe von Gewalt und Mobbing wurde. Um ehrlich zu sein, hatte es das auch vorher schon gegeben. Wenn Anna zum Gymnastikkurs in ein neues Sportstudio ging, erinnerten die anderen Kinder sie oft und natürlich auf verletzende Weise daran, aus welcher Familie sie stammt. Doch nach dem 24. Februar 2022 wurden aus Schmähungen unverhohlene Drohungen.

Anna ist eine Fünfzehnjährige voller Enthusiasmus und Unbeschwertheit. Sie ist die Sorte Jugendliche, die bei Diskussionen in der Klasse Verfassungsartikel zitiert, um auf die Einhaltung der Gesetze zu pochen. Sie hatte nie eine Sowjetmentalität, was im russischen Bildungssystem allein schon ausreicht, um sie in ein schlechtes Licht zu setzen, doch nun drohten ihr ernste Schwierigkeiten. Sie besuchte eines der angesehensten Gymnasien Moskaus mit Schülern aus der ganzen Welt, und in dem Zweig, den sie gewählt hatte, wurde ein Teil der Fächer auf Spanisch unterrichtet.

Eines Tages kam sie bedrückt nach Hause. »Mama, heute haben wir im Unterricht über die Lage in der Ukraine gesprochen, und ich habe mit den anderen gestritten.« Obwohl ich ihr oft erklärt hatte, dass man seine Meinung nicht unbedingt in jeder Situation äußern muss, konnte ich mir lebhaft vorstellen, wie energisch sie ihre Überzeugungen vertreten hatte.

Anna war ganz klar gegen die militärische Spezialoperation in der Ukraine und machte, wie alle in der Familie, keinen Hehl aus ihrer Kritik an dem moralischen Abgrund, in dem unser Land gerade versank. Sie kommentierte die Bilder, die sie auf Telegram finden konnte. Bilder von zerstörten Städten, die sie erschüttert und empört betrachtete. Es war Putins Russland, das eine solche Verwüstung anrichtete.

Die Lage in der Schule verschlimmerte sich. Jedes Mal, wenn Anna nach Hause kam, wirkte sie angespannter als am Tag zuvor, bis sie schließlich eines Abends eine entsetzliche SMS bekam. Das Maß war voll. Ich habe in meinem Leben schon alles Mögliche gesehen und bin nicht leicht einzuschüchtern, doch hier ging es um meine Tochter. Diese Nachricht, der weitere aus derselben Gruppe von Mitschülern folgten, enthielt eindeutige Todesdrohungen, eindeutig genug, um Strafanzeige zu erstatten.

»Du wirst genauso enden wie deine Großmutter«, versprach Agate, eine Klassenkameradin, und schilderte ihr im Detail, wie es passieren würde. Anna bekam große Angst, ohne jedoch den Grund für eine solche Gemeinheit wirklich zu verstehen. Was hatte sie Schlimmes getan? Was hatte sie sich zuschulden kommen lassen?

Am nächsten Tag ging ich zur Schulleiterin, doch die war mit den Feiern zum Jahrestag der Krim-Annexion am 18. März beschäftigt, also sprach ich mit einigen Lehrenden der Klasse. Ich hatte bereits beschlossen, dass Anna keinen Fuß mehr in diese oder irgendeine andere Schule auf russischem Boden setzen würde. Doch zumindest hoffte ich, zusammen mit dem Direktorium der Einrichtung, den Schülerinnen und Schülern eine Lektion fürs Leben zu erteilen. Damals spielten die Lehrenden die Tragweite der Drohungen und Angriffe herunter, deren Opfer meine Tochter geworden war, und betonten, dass die Jugendlichen dieser Clique bisher noch nie etwas Derartiges getan hätten, dass sie aus »anständigen« Familien kämen und es sich ganz bestimmt um ein Missverständnis handeln müsse. Dennoch versicherten sie mir, sie würden mit den Jungen und Mädchen reden und die Angelegenheit restlos aufklären.

Ich war skeptisch. Ich kannte das russische Schulsystem zur Genüge und hegte keine großen Hoffnungen, aber nach ein paar Tagen erfuhr ich, dass man die Sache tatsächlich ernst genommen hatte. Die Direktorin hatte die Jugendlichen und ihre Eltern zusammen mit einem Psychologen einbestellt – doch niemand, weder eines der Kinder noch eine Mutter oder ein Vater hat je Anstalten gemacht, sich bei uns zu entschuldigen. Nur ein Klassenkamerad schickte Anna eine ellenlange Mail, in der er allerdings anmerkte, dass »du dich, wenn du Ärger suchst, anschließend nicht über die Folgen beklagen darfst«.

Wie gesagt, die Freiheit ist in Russland ein Luxus, den man teuer bezahlt, auch die jüngeren Generationen. Dabei gibt es einen speziellen Artikel des Strafgesetzbuches, der Todesdrohungen in Chatgruppen unter hohe Strafen stellt. Und ich hatte genügend Beweise, um diese Jugendlichen anzuzeigen, die alt genug waren, sich vor Gericht selbst für ihre Taten zu verantworten. Doch mir war nicht danach, diesen hundertsten Kampf aufzunehmen. Außerdem wird man, wenn man in meinem Land den falschen Knopf drückt oder an die falsche Person gerät, im Handumdrehen vom Kläger zum Angeklagten, wodurch ich wertvolle Zeit verloren hätte. Wir hatten andere Pläne und konnten uns das nicht erlauben. Inzwischen war ich sicher: Uns blieb nur, das Land zu verlassen. Auch wenn ich offen gestanden noch heute Lust hätte, es diesem Pack heimzuzahlen.

In jenen Tagen, als meine Tochter nicht mehr wie ein normales Mädchen in die Schule gehen und lernen konnte, dachte ich wieder an die Worte meiner Mutter im Kapitel »Nach Beslan – Anstelle eines Nachworts«, mit dem ihr Buch *In Putins Russland* endet: »Man will nicht glauben, dass der politische Winter wieder für Jahrzehnte in Russland Einzug hält. [...] Man möchte, dass die Kinder in Ruhe aufwachsen, dass die Enkelkinder in Freiheit geboren werden.«

Wir mussten dieses feindselige und grauenvolle Klima so schnell wie möglich hinter uns lassen. Doch in jenem Moment wusste ich noch nicht, wohin wir gehen, wie wir außer Landes kommen, was wir mitnehmen sollten. Und welche Schule ich für Anna wählen sollte. Ich hatte keine Ahnung, was die Zukunft für uns bereithielt. Eine Mutter sollte immer Antworten und einen schlüssigen Plan haben. Ich aber hatte sie nicht. Wie sagt man einer Jugendlichen, dass sie alles aufgeben muss? Und was wären die möglichen Konsequenzen, wenn wir es nicht täten?

Mein Bruder Ilja erklärte sich sofort bereit wegzugehen, obwohl sein Sohn erst vier Jahre alt war. Ilja war klar, dass dem Kind in Zukunft Ähnliches blühte, wie das, was Anna gerade durchmachte. Besser, man brachte ihn gleich fort, ehe er heranwuchs, eigene Pläne hatte, sein eigenes kleines Leben, Freunde, Gewohnheiten und vertraute Orte. Doch uns standen weitere Schwierigkeiten bevor. In der Woche, in der wir abreisen wollten, erkrankte mein Bruder an Covid. Außerdem war sein Pass abgelaufen. Er konnte Russland nicht verlassen. In unserem Leben schien es an allen Ecken und Enden zu brennen. Aber die Zeit drängte.

»Du musst fahren, Vera, du darfst nicht auf mich warten«, sagte Ilja. Und er blieb stur. Er wollte nicht, dass Anja und ich unter den möglichen Konsequenzen dieser Verspätung zu leiden hätten. Wir mussten los. Und wo immer wir landen würden, sollten wir auf den Rest der Familie warten: Ilja, seine Frau und ihr Kind.

Diese Tage waren geprägt von Schweigen und einem Riesenchaos in unserer Wohnung. Wir mussten unser ganzes Leben in mein kleines Auto packen und unsere liebsten Dinge. Plötzlich kam mir meine Geige wieder in den Sinn, die irgendwo herumlag. Ich hatte schon lange nicht mehr auf ihr gespielt. Wenn ich Musikerin geblieben wäre, würde ich mich dann jetzt in derselben Lage befinden? So viele Gedanken. So viele Fragen. Um ein Musikinstrument über die Grenze zu bringen, bedarf es einer speziellen Genehmigung, und um diese zu bekommen, braucht man gestempelte Papiere und mehrere Tage Zeit. Zeit, die ich nicht hatte. Ich musste das Instrument zu Hause lassen. Da wir nicht absehen konnten, ob und wann wir nach Moskau zurückkehren würden, mussten wir zudem unsere Koffer für eine lange Abwesenheit packen. Neben der Violine gab es daher noch viele andere Dinge, die wir nicht mitnehmen konnten. Und so beschloss ich, alles zu verkaufen, was sperrig war, was nicht transportiert werden konnte und mit der Zeit Schaden nehmen würde. Sofort änderte sich meine Perspektive. Nur, was wirklich nützlich war, zählte – sprich: Kleidung, Papiere, Geld. Und etwas Immaterielles: Erinnerungen.

Wir brauchten so viel Bargeld wie möglich, da der internationale Bankverkehr mit Russland ausgesetzt war. Ich bin zur Bank gegangen und habe meine gesamten Ersparnisse abgehoben. Die Zukunft war ungewiss. Unklar, welche Mittel nötig waren. Obwohl ich in meinem Leben schon viele schwierige Situationen allein gemeistert habe, schien mir diese hier die komplizierteste zu sein.

Nachdem wir endlich ein Ziel gefunden hatten, war am Sonntag, dem 17. April 2022 um acht Uhr früh alles bereit. Für Nostalgie oder Zweifel blieb keine Zeit. Anja und ich haben die Wohnungstür abgeschlossen und uns nicht noch einmal umgedreht. Wir haben die Koffer ins Auto geladen. Auf der Rückbank gab es gerade noch eine freie Ecke für Anja und unser Kätzchen Banana, die sich dort hineinquetschten.

Im Auto haben wir uns unterhalten und Musik gehört. Die Nachrichten, die zu uns durchdrangen, waren surreal: Man redete von der militärischen Spezialoperation und der ungeheuren Tapferkeit der russischen Armee. Nach elf endlosen Stunden Fahrt erreichten wir die Grenze. Es war dunkel, und wir waren erschöpft. In diesem Zustand die Grenze zu überqueren, war nicht ratsam, also verbrachten wir die Nacht in einem kleinen Hotel, ohne unser Gepäck aus dem Wagen zu laden. Ab und zu trat ich ans Fenster und warf einen Blick aufs Auto. Waren wir wirklich außer Gefahr? Anna schlief seelenruhig.

Am nächsten Tag – dem letzten in unserem Land – frühstückten wir und waren um zehn Uhr an der Grenze. Wir würden etwa zwei Stunden in der Schlange warten müssen, um Russland zu verlassen und unser neues Land, unser neues Zuhause zu betreten. Doch die Gefahr war noch nicht überstanden. Als wir an der Reihe waren, befahl mir ein Polizist auszusteigen und sämtliche Koffer und persönlichen Gegenstände auszuladen. Er wollte jeden einzeln überprüfen. »Warum nehmen Sie all diese Sachen mit?«, fragte er mich. Das Gesetz ist eindeutig: Auf dem Landweg kann man Russland nur unter Angabe konkreter Gründe verlassen, deren Beurteilung den Grenzbeamten obliegt. Vielleicht war dies die letzte Hürde, die wir überwinden mussten, ehe wir in Sicherheit wären. »Meine Tochter«, antwortete ich, »meine Tochter besucht einen Kurs im Ausland, daher werden wir eine Weile dort bleiben.«

»Dann werden Sie also länger weg sein?«

»Ich denke, ja.«

Endlose Minuten verstrichen, während einige Beamte mit unseren Papieren in der Hand hektisch ums Auto liefen. Dann, plötzlich, gaben sie uns die Pässe und ließen uns gehen. Bis zu unserem endgültigen Ziel waren es noch ein paar Stunden Fahrt. Russland lag nun hinter uns. Wir hatten es geschafft. Wir waren in Sicherheit. Als wir weit genug von der Grenze entfernt waren, hielt ich am Straßenrand. Ich musste aussteigen, mich umsehen, meinem Vater und meinem Bruder Bescheid sagen, dass wir die Grenze überquert hatten. Draußen atmeten meine Tochter und ich tief durch, wir atmeten auf. Wir stellten fest, dass es sich gelohnt hatte, all die Mühen auf uns zu nehmen.

Nach weiteren vier Stunden Fahrt erreichten wir unsere neue Wohnung, die nichts Vertrautes hatte. Wir waren zu erschöpft, um noch irgendetwas zu sagen. Wir gingen hinein, am Ende unserer Kräfte, und schliefen ein. Etwas ist mir jedoch noch ganz klar in Erinnerung: der Moment, als ich die Augen schloss und dachte, dass dies kein Schlaf wie sonst sein würde. Denn ich schlief in einem freien Land ein.

9
Das Versprechen

Von klein auf habe ich mit den Drohungen gelebt, die aus unterschiedlichen Richtungen gegen meine Eltern oder auch die ganze Familie gerichtet wurden. Das gehörte für uns zur Normalität. Mein Bruder und ich wussten, wie wir uns in diversen Gefahrensituationen zu verhalten hatten; meine Mutter hatte es uns erklärt. Es war ihre Art, uns zu schützen.

Im Jahr 1999 wechselte Anna zu der Zeitung, bei der sie bis zum Schluss bleiben sollte: zur *Nowaja Gaseta*. Tschetschenien hielt Einzug in ihr Leben in Form einer Geschichte über ein Altersheim in Grosny. Dessen Bewohner, ungefähr neunzig an der Zahl, fanden sich unversehens im Kreuzfeuer der Militäroperationen wieder. Gemeinsam mit der *Nowaja Gaseta* organisierte meine Mutter ihre Evakuierung an einen sicheren Ort außerhalb des Landes, und später kümmerte sie sich auch um eine endgültige Bleibe.

Dies war der Auftakt zu einer schier endlosen Reihe von Geschichten und Problemen, die mit dem Kaukasus zusammenhingen: Flüchtlingslager, Recherchen über von Soldaten in Tschetschenien begangene Kriegsverbrechen und viele, viele andere Themen. Anfangs war Anna schlichtweg eine Berichterstatterin für eine Zeitung, und niemand in Tschetschenien kannte sie. Aber kaum waren die ersten Artikel erschienen, wuchs ihre Popularität. So entwickelten sich ihre Dienstreisen nach Tschetschenien, und allgemein in die Kaukasusregion, zu regelrechten Geheimdienstoperationen.

Beispielsweise erzählte meine Mutter mir, dass sie sich einmal, um einen Kontrollpunkt in Tschetschenien zu passieren, unter die Rückbank eines UAZ-Geländewagens gelegt hatte, begraben unter Decken und Lumpen. Selbst nach dem Checkpoint war sie noch rund hundert Kilometer in dem Versteck geblieben. Bis heute finde ich es unglaublich, sie mir in solchen Situationen vorzustellen, und wenn man mir derartige Geschichten über sie erzählt, ja, selbst wenn ich sie direkt aus ihrem Mund gehört habe, kommt es mir immer noch so vor, als sei von einer anderen Person die Rede.

Mein Bruder und ich waren schon alt genug, um unabhängig zu sein, während sie diese intensive Phase ihrer Arbeit durchlebte. Ich konnte ihren Beruf aus größerer Distanz betrachten, gleichzeitig wurde mir aber erst richtig klar, welche Risiken sie einging.

Ich war Musikerin. Ich studierte Geige am Moskauer Konservatorium, deshalb war ich meilenweit entfernt von den Problemen, mit denen sich meine Mutter herumschlug, und ich glaube, sie war froh darüber. Mutter hatte ihre Texte, ich die Partituren.

Dennoch waren wir eine Familie, und abends bei Tisch redeten wir über das, was uns tagsüber beschäftigt hatte: über ihre Arbeit und die von Ilja, über mein Studium. Über alles, was unseren nach außen hin gewöhnlichen Alltag anging. Dann jedoch kam der Tag X, an dem meine Mutter ihre Sachen packte und zu einer neuen Mission nach Tschetschenien aufbrach.

Sie legte lange Röcke und weite, formlose Kleider in den Koffer. Ausschließlich Sachen, die nicht ins Auge stachen, um unter den Menschen vor Ort nicht aufzufallen, und in dunklen Farben, damit man etwaige Flecken nicht sah. In Tschetschenien fehlte nicht nur die Möglichkeit, Wäsche zu waschen, oft gab es nicht einmal einen Ort, um zu duschen oder sich die Zähne zu putzen. Selbst die primitivste Infrastruktur war durch den Krieg zerstört. Außerdem herrschte eine extreme Lebensmittelknappheit, weshalb meine Mutter stets einen kleinen Vorrat an Proviant mit sich führte – Haferbrei, Kekse, Teebeutel –, um sicherzugehen, dass sie sich mit dem Nötigsten versorgen konnte.

Sie packte auch eine Tasche mit Arzneimitteln, medizinischen Geräten und Hygieneartikeln, die sie den Einwohnern vor Ort mitbrachte.

Schon wenn sie das Haus verließ, trug sie unförmige dunkle Kleider, damit sie bei ihrer Ankunft keine Aufmerksamkeit erregte. Das gelang ihr nur bedingt, denn ihre Erscheinung war unverwechselbar: eine große, magere Frau mit dicken Brillengläsern und völlig ergrautem Haar. Sie war auf einen halben Kilometer Entfernung zu erkennen. Deshalb ging sie, wenn sie in Tschetschenien war, fast immer verschleiert, wie dort unter Frauen üblich, und manchmal nahm sie sogar die Brille ab, damit die Soldaten nicht auf sie aufmerksam wurden.

Wenn Mutter unterwegs war, hatten wir praktisch keinen Kontakt zu ihr, weil es kaum zuverlässige Telefonverbindungen gab. Und doch habe ich nie zu Hause gesessen und auf ihre Rückkehr gewartet. Was sie im Übrigen auch nicht gewollt hätte. Meine Mutter war ein extrem eigenständiger Mensch, und in diesem Geist hatte sie auch uns erzogen.

Noch heute, wenn ich an sie denke, sehe ich sie am Schreibtisch sitzen, den Kopf über den Computer gebeugt, wie sie eine »Notiz« schreibt. So wollte sie ihre Texte genannt wissen: nicht Nachrichten, Artikel, Berichte, sondern Notizen. Und während sie sich ihnen widmete, war sie wie abwesend, auch wenn sie physisch anwesend war.

Manchmal näherte ich mich und warf einen Blick auf den Bildschirm, aber sie war unerbittlich. Es war verboten, zu lesen oder auch nur einen Blick zu erhaschen von dem, was sie schrieb, ehe der Text, besser gesagt, die Notiz fertig war.

»Wage es nicht!«, sagte sie, wenn sie merkte, dass mich die Neugier in ihre Nähe trieb. Jedes Mal, wenn sie von ihren Reisen wiederkam, setzte sie sich für lange Zeit an den Computer und schrieb.

Eines Morgens, sie war gerade von einer Mission zurückgekehrt, sagte ich ihr, mich hätten die ganze Nacht Albträume geplagt. Ich hätte Mordopfer gesehen, Särge, eine Beerdigung. Ohne mit der Wimper zu zucken, antwortete sie, das überrasche sie kein bisschen.

»Hinter der Wand, die dein Zimmer von meinem trennt, liegen Knochen. Ich habe sie gestern aus Tschetschenien mitgebracht. Wir brauchen sie für eine Identifizierung.« Vielleicht waren es die Überreste eines Soldaten der russischen Streitkräfte, keine Ahnung, sie klärte mich nicht darüber auf.

Wenn Mutter auf Reisen war, kamen oft die Großeltern zu uns in die Wohnung. Sie hielten es für ihre Pflicht, sich während ihrer Abwesenheit um uns zu kümmern. Großvater schaute fast jeden Morgen vorbei. Ich hörte ihn sehr zeitig hereinkommen, stand aber nicht auf, denn ich mochte es, im warmen Bett zu bleiben, und war froh, dass jemand anderes Martin, unseren Hund, rausbrachte und ich nicht mit meinem Bruder feilschen musste, wer dran war.

Vom Spaziergang zurückgekehrt, tischte mein Opa auf, was Oma fürs Frühstück zubereitet hatte: Syrniki oder Blintschiki. Großvater kam aber auch oft, wenn Mutter da war. Sie tranken Kaffee und diskutierten über Politik, während mein Bruder und ich uns fertig machten, um aus dem Haus zu gehen. Er kam, um seine Tochter zu kontrollieren, um zu sehen, ob sie schon wieder verreisen musste.

»Warum musst du da hin, Anjutik? Das ist gefährlich, mein Kind«, lamentierte er. Die Frage verfing aber nicht, meine Mutter hatte immer eine überzeugende Antwort parat. Manchmal stritten sie stundenlang, und mein Großvater versuchte auf jede erdenkliche Weise, sie davon abzubringen, wie nur Eltern es können. Vergeblich.

»Es ist notwendig, Papa«, antwortete sie, um das Thema zu beenden, dann flüsterte sie mir ins Ohr, ich solle den Großeltern nichts von ihrer bevorstehenden Abreise sagen. Sie würden es noch früh genug erfahren und sollten sich nicht vorher schon Sorgen machen.

Auch die engeren Verwandten fragten sie oft, warum sie weiterhin nach Tschetschenien fahre. Sie taten es jedes Mal, wenn wir uns trafen, zum Beispiel zu einer Geburtstagsfeier. Mutter antwortete immer im selben Tenor: »Weil es niemand sonst tut und diese Menschen Hilfe brauchen!« Oder einfach: »Wer würde denn hinfahren, wenn nicht ich?«

Mit diesen Antworten gaben sich Freunde und Verwandte nicht zufrieden. Ihnen leuchtete nicht ein, warum ausgerechnet sie sich diese Bürde aufladen musste. Manchmal arteten die Gespräche in hitzige politische Diskussionen aus, bei denen nie jemand Partei für meine Mutter ergriff, im

Momentaufnahme eines normalen Lebens: die Familie, vollzählig um einen Tisch im Restaurant versammelt.

Gegenteil, wie aus einem Mund versuchten alle Anwesenden, ihr klarzumachen, dass sie im Unrecht sei. Ich hingegen blieb stumm, weil ich spürte, dass ich keine stichhaltigen Argumente hatte.

Eines Tages gab sie eine andere Antwort als üblich. »Ich verspreche euch etwas«, sagte sie. »Wenn Vera oder Ilja mir ankündigen, dass ich Großmutter werde, dann höre ich auf, nach Tschetschenien zu fahren. Aus Liebe zu meinem Enkel oder meiner Enkelin werde ich es sein lassen.« Diese Worte, leichthin, aber entschieden ausgesprochen, überrumpelten uns alle. Mein Bruder und ich tauschten einen verschwörerischen Blick. Wir waren jung, eigene Kinder spielten in unseren Vorstellungen noch keine Rolle. Aber unsere Mutter hatte uns ein unerwartetes Versprechen gegeben, das genügte uns. Früher oder später würde sie es sein lassen.

10
»Ich will nicht, dass das noch einmal passiert.«

Nach dem Beginn des zweiten Tschetschenienkrieges wurde meine Mutter, auch wenn sie in Moskau war, zum Anlaufpunkt für viele Tschetschenen, die vor ihrem Büro in der Redaktion der *Nowaja Gaseta* Schlange standen. Die einen hatten einen Sohn verloren, die anderen den Ehemann, manche baten um Unterstützung für die in der Heimat gebliebene Familie, wieder andere berichteten von Vorkommnissen, deren Zeugen sie geworden waren. Sie empfing sie alle, hörte ihnen zu, spendete Trost und praktische Hilfe.

Einmal erschien in der Redaktion eine Frau, über die meine Mutter einen Artikel verfasst hatte, dank dem diese ein Problem hatte lösen können. Um sich erkenntlich zu zeigen, brachte die Frau ihr eine Schachtel Pralinen und einen Umschlag, der offenbar Geld enthielt. Sie gab alles ab und ging.

Kaum hatte meine Mutter es bemerkt, schnappte sie sich den Umschlag und die Schachtel und lief der Frau hinterher. Sie holte sie ein und konnte sie schließlich dazu bewegen, das Geld zurückzunehmen. Nur die Pralinen musste meine Mutter behalten. Sie nahm von Menschen, denen sie half, nie Geschenke an. Das war eine Frage des Prinzips.

Ich war zu jener Zeit ganz mit meinem Studium am Konservatorium beschäftigt und spielte Violine in einem kleinen Orchester. Mein Leben verlief alles in allem ruhig und sorglos. Doch eines Tages war es mit der Unbeschwertheit schlagartig vorbei.

Es war Ende Februar 2001. Meine Mutter befand sich im Berggebiet Tschetscheniens, im Distrikt Wedeno, in der Nähe der Orte Machkety, Towseni und Chottuni. Wie bei jeder Auslandsmission hatte sie eine Absprache mit der *Nowaja Gaseta*. Durch regelmäßige Anrufe sollte sie die Redaktion über ihren Aufenthaltsort informieren. Das war damals gängige Praxis. Sobald ein Korrespondent in eine Kriegsregion des Kaukasus ging, musste er die Kollegen mindestens einmal am Tag zu einer bestimmten Zeit kontaktieren, damit sie wussten, dass er noch am Leben war.

Diesmal hielt meine Mutter ihre Verabredungen jedoch nicht ein. Sie meldete sich nicht. Das war bisher noch nie vorgekommen.

Der Direktor der *Nowaja Gaseta*, Dmitri Muratow, rief mich zu Hause an und erklärte mir, dass der Kontakt zu meiner Mutter abgerissen und die Sache bereits zu den Medien durchgedrungen sei. Ich schaltete den Fernseher an: Einer der Kanäle brachte gerade die Nachricht vom Verschwinden der Journalistin Anna Politkowskaja im Gebiet der Tschetschenischen Republik.

Am Abend sollte ich bei einem Konzert im Moskauer Haus der Komponisten auftreten. Ich machte mich fertig und ging los. Hinter der Bühne, ein paar Minuten vor Vorstellungsbeginn, rief mich ein Freund an, um mir zu sagen, dass meine Mutter laut einem Fernsehsender – ich weiß nicht mehr, welchem – vermutlich erschossen worden sei. Ich hörte seine Worte, doch mein Gehirn weigerte sich, sie zu glauben, und kurz darauf betrat ich mit meinem Orchester die Bühne und spielte, was auf dem Programm stand: Bach-Konzerte.

Zum Glück hatte man meine Mutter nicht umgebracht. Sie war in einem Dorf festgehalten worden und wurde zwei Tage später wegen »Verstoß gegen die Akkreditierungsauflagen für Journalisten« des Landes verwiesen. Sie erzählte mir, sie habe im Einsatzgebiet des 45. Luftlanderegiments der russischen Armee Filtrationslager entdeckt. Der Kommandant habe sie festnehmen und in einen Raum bringen lassen. Er hatte einen Umschlag mit Fotos von mir und meinem Bruder bei sich. Die breitete er vor ihr aus und schilderte ihr bis ins kleinste Detail die Dinge, die er uns antun würde und die meine Mutter sich weigerte, vor mir zu wiederholen, da sie derart niederträchtig und widerwärtig waren. Er sagte ihr klipp und klar, dass er, wenn sie ihre Aktivitäten in Tschetschenien nicht einstellte und nicht aufhörte, Artikel zu veröffentlichen, diese Drohungen wahrmachen würde.

Irgendwann, so erzählte sie weiter, setzte in der Ferne Bombenlärm ein, sie wurde nach draußen gebracht, an einen Baum gestellt. Der Kommandant zog seine Waffe und sagte: »Ich erschieße dich jetzt, und niemand wird es mitbekommen, man wird nicht mal die Schüsse hören. Dann nehme ich deine Leiche und vergrabe sie an einem Ort, wo kein Mensch sie je finden kann. Du wirst für immer verschwinden.«

Sie hatten jedoch weder damit gerechnet, dass die Nachricht von ihrer Entführung ein solches Medienecho hervorrufen würde, noch bedacht, dass meine Mutter inzwischen nicht bloß in Russland, sondern mehr noch im Westen sehr bekannt war. Als sie begriffen, dass es sich nicht nur um eine regimentsinterne Angelegenheit handelte, sondern dass ihr Verschwinden international Aufsehen erregte, beschlossen die Militärs, sie gehen zu lassen, um sich keinen Ärger einzuhandeln. Sie verfrachteten sie in ein Auto, fuhren sie zum Flughafen von Nasran in Inguschetien und schickten sie zurück nach Moskau.

Diesmal wäre sie wirklich beinahe umgebracht worden, doch der ausgebliebene Kontakt zur Zeitung und die zu allen russischen Medien durchgesickerte Nachricht von ihrem Verschwinden und ihrer mutmaßlichen Ermordung hatten ihr wahrscheinlich das Leben gerettet.

Als sie nach Moskau zurückkam, wiesen die Militärs, die sie gefangen genommen hatten, sämtliche Vorwürfe glattweg zurück, und der Pressesprecher des Nordkaukasischen Truppenverbands, Konstantin Kucharenko, versicherte im Fernsehen, »die Kollegin Politkowskaja hat eine kranke Fantasie«, und »sie hätte nichts von dem, was sie behauptet, sehen können, da sie sich in einem geschlossenen Raum befand«.

Unter großem Tamtam veröffentlichte eine Zeitung das anonyme Schreiben einiger Offiziere, in dem meine Mutter bezichtigt wurde, sich wie »eine Feindin« benommen zu haben. Normalerweise reagierte sie nicht auf solche Unterstellungen. Doch diesmal wurde es ihr zu viel, und sie beschloss, es doch zu tun. Am 13. April 2001 druckte dieselbe Zeitung ihre Erwiderung, in der sie versicherte, sie sei »die Feindin eines unmoralischen und verkommenen Heeres, der Lügen über Tschetschenien, der von den Propagandisten der Armee fabrizierten Mythen und Legenden, der anonymen Feiglinge, die es wagen, Schulterklappen zu tragen«.

Nach diesem Zwischenfall begriff ich zum ersten Mal, dass die tödliche Gefahr, von der meine Eltern während unserer gesamten Kindheit und Jugend gesprochen und vor der sie meinen Bruder und mich zu schützen versucht hatten, nicht nur tatsächlich existierte, sondern auch bedrohlich nahe war. Ich war zwanzig Jahre alt, und innerhalb eines einzigen Tages verwandelte sich das, wovor sie uns immer gewarnt hatten, von einer vagen Möglichkeit in eine dramatische Realität.

Und es sollte noch schlimmer kommen. Am 17. September 2001 traf meine Mutter in Grosny General Anatoli Posdnjakow, den der Kreml in die Region geschickt hatte, um mutmaßliche Missbrauchsfälle von Soldaten an der Zivilbevölkerung zu untersuchen. Damit kannte meine Mutter sich gut aus; schließlich war sie es gewesen, die diesen Missbrauch – oder besser gesagt, diese Verbrechen – in ihren Artikeln angeprangert hatte. Auf dem Rückweg nach Moskau, direkt nach dem Start, explodierte der Hubschrauber, in dem sich der hochrangige Offizier befand. Mit ihm starben ein weiterer General, acht Oberste des Generalstabs und der Pilot. Die russische Armee machte sofort die Separatisten dafür verantwortlich, doch meine Mutter hatte einen anderen Verdacht. Sie bezichtigte die Heeresführung, den Anschlag geplant zu haben, da sie viel zu verbergen hatte.

Sie verfasste einen Artikel, in dem sie ihre These darlegte, und wie sie später erfuhr, kam dies dem Verteidigungsminister zu Ohren, der die Veröffentlichung zu verhindern suchte. Trotz des Drucks von oben erschien der Artikel am 19. September. Von da an sah sich meine Mutter immer heftigeren Drohungen ausgesetzt.

Moskau, 2000. Vera und Ilja mit ihrer Mutter bei Freunden.

Die Menschen, über die sie in ihren Artikeln sprach, waren nicht bloß »Quellen«, flüchtige Kontakte, die ihr lediglich dazu dienten, die für ihre Arbeit notwendigen Aussagen zu sammeln. Sie nahm Anteil an ihrem Schmerz, ihrem Unglück. Auf einer ihrer Reisen lernte sie eine Familie kennen, die einen schweren Verlust erlitten hatte. Der Sohn war unter rätselhaften, nach wie vor ungeklärten Umständen ums Leben gekommen. Ich lernte die Eltern und die Schwester kennen, die oft bei uns in Moskau zu Besuch waren. Stundenlang redeten sie, rekonstruierten jedes Detail, jede Information, die dabei helfen konnten, die Wahrheit ans Licht zu bringen.

Als über diese Geschichte schließlich ein sehr ausführlicher Artikel in der *Nowaja Gaseta* erschien, erhielt meine Mutter unverhohlene Drohungen von einem Offizier, Sergej Lapin, den sie darin als einen für die Folterung und

Ermordung zahlreicher Zivilisten in Tschetschenien verantwortlichen Kriegsverbrecher beschrieben hatte und der später für seine Vergehen verurteilt werden sollte.

Damals entschied die Redaktion der *Nowaja Gaseta*, dass es für meine Mutter an der Zeit sei, das Land zu verlassen, zumindest bis Lapin gefasst wäre und wir alle sicher wären, dass meine Mutter wieder arbeiten und ein normales Leben führen konnte. Sie ging nach Wien, und wir wussten nicht, wie lange sie dort bleiben würde.

Es passte ihr gar nicht, dass sie weggehen musste, sie tat es widerwillig und fühlte sich regelrecht verbannt. Das war ein Rückzieher, der ihr absolut gegen den Strich ging.

Einerseits war ich froh, sie in einem sichereren Land zu wissen, weit weg von Tschetschenien und allem, was damit zusammenhing. Der Gedanke, dass die Wut und die Rachegelüste ihrer Feinde sich mit der Zeit vielleicht legen würden, beruhigte mich. Andererseits merkte ich, wenn ich mit ihr telefonierte, wie unglücklich sie mit dieser Situation war und wie sehr sie sich wünschte, schnellstmöglich nach Moskau zurückzukehren.

Während sie in Wien war, erkundigte sie sich ständig nach uns, dem Studium, der Arbeit, unserem Leben. Die Gespräche mit ihr waren oft surreal und von entwaffnender Schlichtheit. Das unglaublichste Telefonat war das, in dem mein Bruder ihr von einem Mord berichtete, der in der Nähe ihres Wohnhauses in Moskau begangen worden war. Man hatte eine Frau umgebracht, die im selben Alter wie meine Mutter war und ihr ein wenig ähnlich sah. Jeder, der von den Drohungen wusste, fragte sich, ob es sich nicht um eine Verwechslung gehandelt haben könnte. Mein Bruder und ich weigerten uns, diese Möglichkeit in Betracht zu ziehen, trotzdem mussten wir sie darüber informieren.

Nach ungefähr drei Monaten Exil kehrte meine Mutter zurück und nahm ihr Leben sofort genau da wieder auf, wo sie es vorübergehend unterbrochen hatte.

II
Die Irre von Moskau

Ich bin eine Ausgestoßene«, hat meine Mutter geschrieben. »Und das ist das Hauptergebnis meiner journalistischen Arbeit und der Veröffentlichung meiner Bücher über das Leben in Russland und den Tschetschenienkonflikt im Ausland. In Moskau werde ich weder zu Pressekonferenzen eingeladen noch zu Veranstaltungen, bei denen man die Teilnahme von Kremlvertretern erwartet: Die Organisatoren wollen nicht im Verdacht stehen, Sympathien für mich zu hegen.«

Ja, sie war die »Irre von Moskau« geworden. Wie oft habe ich das gehört, wie oft habe ich es gelesen. Sie suchte Verständnis, wurde aber nur von den Kolleginnen und Kollegen ihrer Zeitungsredaktion und von sehr wenigen anderen Redaktionen alternativer Medien unterstützt. Und natürlich von den vielen Personen, denen sie half. Denn allein das zählte für sie: ihre Arbeit zu tun, zu berichten, was sie sah, und denen Unterstützung zu gewähren, die nicht wussten, an wen sie sich sonst wenden sollten. Deren Geschichten stimmten nicht mit der offiziellen Version der jeweils zuständigen, dem Kreml unterstellten Behörde überein.

Wie in jedem Krieg und unter jedem Regime gab es auch hochrangige Persönlichkeiten, die reden wollten, weil die Stimme des Gewissens sie schließlich dazu drängte. Mit meiner Mutter taten sie das jedoch nur heimlich. Sie trafen sich an konspirativen Treffpunkten, wie in Spionagefilmen. Auf diese Weise gelangte meine Mutter an Informationen auch von Männern des Apparats, die nach außen einem Regime treu ergeben waren, das sie niemals öffentlich herausgefordert hätten, in Wahrheit jedoch verabscheuten. Viele von ihnen sind noch heute an der Macht.

Dies waren die Umstände, unter denen meine Mutter während des zweiten Tschetschenienkrieges arbeitete, der 1999 ausbrach und bald zu einer unendlich langen »Antiterror-Operation« wurde, die Städte und Dörfer dem Erdboden gleichmachte. Putins Plan war damals sehr einfach: die Tschetschenen »konvertieren«, kaufen und Moskau untertan machen, und am Ende hat er es geschafft. Er teilte sie in Gut und Böse auf und stellte ihnen zwei simple Zukunftsoptionen in Aussicht: ein beschauliches Leben oder den Tod. Meine Mutter kannte viele von ihnen gut, und ehe sie zu Putins Soldaten wurden, hatten sie meine Mutter während der härtesten Monate des Krieges beherbergt. Dann hatte der Wind sich gedreht, und alles hatte einen neuen Anstrich bekommen.

Meine Mutter sagte oft zu uns: »Ich bin für sie ein hoffnungsloser, unverbesserlicher Fall.« Sie nahm kein Blatt vor den Mund, wenn sie von dem berichtete, was sie sah, und oberste Priorität hatten für sie Unrecht, Barbarei, das Zeugnis des Grauens. Dies war ihre Form von Journalismus. Die Fakten berichten, schreiben, ohne auf Machthierarchien Rücksicht zu nehmen. Für jemanden, der in einer Demokratie lebt, mag das vielleicht banal klingen, in Russland jedoch war es der pure Wahnsinn: Es bedeutete, dass man die Freiheit als etwas Selbstverständliches annahm und das

System herausforderte, alle reizte, eingeschlossen die Kolleginnen und Kollegen, die sich dieselbe Verantwortung hätten aufladen und ihrerseits die Wahrheit hätten erzählen müssen. Meine Mutter blieb jedoch allein, vollkommen allein.

»Unglücklich das Land, das Helden nötig hat«, schrieb Bertolt Brecht. Russland hätte eigentlich keine Helden nötig gehabt, sondern eher freie Journalistinnen und Journalisten, auch weil das Problem der Helden ist, dass sie fast alle dasselbe Schicksal ereilt, ein bitteres Schicksal. In den letzten Jahren schien Mama wie verloren in einer ganz eigenen Dimension, wie die Protagonistin eines Films, in dem sich alle anderen Figuren blind einer Verschwörung ergeben haben und sie als Einzige noch in der Lage ist, die Wirklichkeit zu erkennen. Wenn man mit seinen Vorstellungen von Gerechtigkeit allein bleibt, dann wird man verletzlich und fragil. Sie schrieb nicht, um Mitleid zu erwecken. Es spielte für sie keine Rolle, wenn der Durchschnittsbürger kein Interesse am Kaukasus zeigte und einfach seinen Alltag weiterlebte, indem er seinen Blick auf anderes lenkte, während Männer, Frauen und Kinder unter dem Bombenhagel starben. Sie schrieb für die Zukunft. Sie war das lebende Mahnmal für die unschuldigen Opfer des Gemetzels.

Die Wahrheit zu schreiben ist nützlich, auch wenn niemand sie hören will. Und es ist auch nützlich, seine Arbeit gut zu machen, immer. Wollte man dies in Frage stellen, würde man damit sagen, dass Anna Politkowskajas Opfer sinnlos war.

Das größte Unrecht, das man meiner Mutter antun konnte, war, sie daran zu hindern, den Beruf auszuüben, den sie liebte. In dieser Hinsicht war sie sehr pragmatisch.

Am Tod schreckte sie nur, dass er sie unversehens treffen konnte, noch bevor wir, ihre Kinder, dafür bereit waren. Wir führten nie pathetische oder rührselige Gespräche darüber. Sie hätten nichts gebracht. Wenn meine Freundinnen nach Hause kamen, wurden sie vielleicht von ihren Eltern gefragt: »Willst du ein bisschen Eis?« Ich dagegen hörte: »In dem Schubfach da sind wichtige Unterlagen«, oder: »Dort ist Geld versteckt.« Mama sah mir in die Augen, wir schwiegen für einige unendlich lange Sekunden, und dann kam sie immer mit derselben Erklärung: »Man kann nie wissen.«

Mir war klar, dass sie wieder einmal einen Drohanruf erhalten hatte, eine Warnung von jemandem, der »es nur gut mit ihr meinte«, oder sonst etwas in der Art. Das war eine Konstante. Von außen betrachtet, mag das furchtbar erscheinen, aber in Wirklichkeit war es der Versuch, den Tod als etwas Normales anzusehen; ihn zwar nicht zu banalisieren, aber mit ihm zu rechnen. Heute glaube ich, dass sie uns für den Fall der Fälle den »Überrumpelungseffekt« ersparen wollte, der alles nur noch schwieriger gemacht hätte. Sie wusste genau, dass sie früher oder später für ihre Entscheidungen würde bezahlen müssen, und manchmal riss sie Witze darüber. Wenn ich jetzt zurückblicke, kommt es auch mir makaber vor, aber mein Bruder und ich gewöhnten uns daran. Wahrscheinlich hat es uns gezeichnet, vielleicht für immer, doch damals hinderte die Situation uns nicht daran, unser Leben zu leben.

Ich weigere mich zu glauben, dass das Opfer meiner Mutter nutzlos war, auch wenn das Leben eines Menschen durch nichts aufgewogen werden kann. Ich erinnere mich an die Gespräche beim Abendessen in der Familie oder mit

Freunden, die Stimmen, die sich überlagerten, die immer gleichen ungelösten und unlösbaren Fragen. Denn auch viele ihrer Freunde glaubten ihr nicht. »Wie soll das möglich sein, dass in Tschetschenien all das passiert, was du schreibst?«, »Meinst du nicht, du übertreibst ein wenig?« Sie war zutiefst überzeugt davon, dass man in dem Moment, in dem man eine Ungerechtigkeit sieht, eingreifen muss. Wenn du sie dagegen nicht erkennst oder nicht daran glaubst, dann fühlst du dich nicht persönlich betroffen, auch wenn du im Grunde den Verdacht hast, dass eine Ungerechtigkeit vorliegt. Das ist es, was im Bewusstsein vieler Freunde meiner Mutter geschah, klar, nicht bei allen, aber bei vielen. Sie glaubten einfach nicht an die Komplexität all der Ereignisse, die meine Mutter akribisch recherchiert hatte, samt Namen, Nachnamen und unwiderlegbaren Augenzeugenberichten. Die Praxis der Verdrängung wurde zur alltäglichen Übung, die Gleichgültigkeit war eine Frage des Überlebens. Und wer aus diesem Verhaltensmuster ausscherte, der wurde bestenfalls für verrückt erklärt, schlimmstenfalls zu einer Gefahr, die beseitigt werden musste.

In Russland hat sich weder der Normalbürger noch die Leserschaft meiner Mutter jemals klargemacht, dass sie, hätte es eine Gesellschaft gegeben, die bereit gewesen wäre, sie zu schützen, in der Lage, gegen Unrecht zu protestieren, niemals getötet worden wäre. Denn irgendwann fing auch ihre eigene Zunft an, meine Mutter abzulehnen. Die Mehrzahl der Kolleginnen und Kollegen verstand sie nicht oder tat so, als verstünde sie sie nicht. Sie reagierten ratlos auf ihre Reportagen, die häufig öffentlich kritisiert wurden. Aus Angst oder aus Neid. Außerhalb der Grenzen Russlands dagegen war sie anerkannt und geschätzt. Sie schrieb Bücher, ihre Texte fanden internationale Beachtung, und im Westen bewunderte man sie für ihre Courage. In der Heimat dagegen war sie allein. Die Unverschämtesten haben angefangen, sie nach ihrem Tod zu beweihräuchern und sich als »Freund und Kollege« auszugeben, tatsächlich konnte man ihre wahren Freunde aber an einer Hand abzählen.

»Mittlerweile nennen sie mich die Irre von Moskau«, sagte sie einmal zu mir. Sie scherzte darüber, um es auf die leichte Schulter zu nehmen. Aber es gelang ihr nicht wirklich, eine derart irrationale und auch ein wenig grausame Kritik einfach an sich abperlen zu lassen. Und dann war da noch etwas. Abgesehen von dem geringen Renommee war es auch sonst wenig einträglich, sich für die Form des Journalismus zu engagieren, an die meine Mutter glaubte. Sie hat mit ihrer Arbeit nicht gerade ein Vermögen verdient. Jahrelang hat sie sich keinen neuen Computer gekauft, und sie fuhr ein Auto russischer Fabrikation, ein Durchschnittsmodell. Will man mit Journalismus Geld machen, dann muss man sich, heute wie damals, der Macht anbiedern. Es ist eine Frage des Prinzips.

12
Es hätte auch mich treffen können

In Sachen Pflichterfüllung erwartete meine Mutter von uns die gleiche Gewissenhaftigkeit, die sie sich selbst bei der Arbeit abverlangte.

Das betraf alle Bereiche unseres Lebens und war manchmal beinahe schon lächerlich. Als Kind fand ich das allerdings gar nicht komisch. Während der Sommerferien zum Beispiel, in denen man – zumindest glaubte ich das – den Kindern auch mal eine Lernpause gönnen konnte, kümmerte sie sich weiter beharrlich um unsere Bildung.

Der typische Ferientag sah nicht vor, dass wir faulenzten, draußen herumstromerten oder durch die Wälder streiften, sondern folgte einem genau festgelegten Plan.

Zunächst mussten mein Bruder und ich zwei Stunden lang Geige üben, dann ein Werk unserer Wahl aus den Klassikern des sogenannten Silbernen Zeitalters der russischen Dichtkunst auswendig lernen und anschließend Schularbeiten machen. Zusätzlich gab meine Mutter uns Kinderbücher, die wir lesen und unterstreichen mussten. Auf manchen Seiten zum Beispiel immer den Buchstaben O, oder sämtliche As. Auf diese Weise, so sagte sie, würden wir unsere Konzentrations-, Lese- und Schreibfähigkeit entwickeln.

Wir hatten praktisch keine Freizeit, ja, genau das schienen unsere Eltern im Grunde zu bezwecken, vor allem unsere

Mutter. Sie ging ständig mit uns zu klassischen Konzerten, während derer mein Bruder sich regelmäßig ausklinkte und heimlich die Bücher seiner russischen oder ausländischen Lieblings-Science-Fiction-Reihe las. Ilja hatte sehr viel mehr für Science-Fiction übrig als für Musik.

Ich verfolgte aufmerksamer, was auf der Bühne geschah, doch oft schaltete ich ab und musterte stattdessen eingehend jeden Winkel und jedes Detail der Säle des Moskauer Konservatoriums. Am Ende kannte ich die Porträts der großen russischen und ausländischen Komponisten, die Bühne und Zuschauerraum flankierten, in- und auswendig.

Dank meiner Mutter wuchsen wir jedenfalls wohl oder übel in der Moskauer Musikwelt auf, und in diesem Kontext trat eines Tages ein zweiter Ilja in unser Leben.

Er spielte Cello und wurde schnell ein Freund der Familie. Er kam oft zu uns nach Hause, scherzte mit meiner Mutter, und eine Zeitlang waren wir sogar ein Paar. Was, ehrlich gesagt, nicht besonders gut funktionierte, aber auch danach verstand sich Ilja noch bestens mit mir und meiner Familie.

Eines Tages kam er ganz außer Atem angerannt und sagte mir, es gebe ein Vorspiel fürs Orchester des Dubrowka-Theaters. Er war bereits in diesem Orchester, doch für das geplante Musical *Nord-Ost* fehlten noch Instrumentalisten, und so hatte man einige Termine anberaumt. Ilja war begeistert, und auch ich hielt es für eine tolle Chance. Dieses Musical war eine absolute Neuheit für Moskau, und viele junge Musiker wollten dabei sein. Dann geschah jedoch etwas Unerklärliches. Am Morgen des Vorspiels stand ich zu spät auf. Vielleicht hatte ich den Wecker falsch gestellt, jedoch kommt mir das Ganze bis heute äußerst seltsam vor.

Es war überhaupt nicht meine Art, Termine zu versäumen, noch dazu auf diese Weise. Doch so verpasste ich die Gelegenheit.

Einige Zeit verging. Es wurde Oktober 2002. Meine Mutter war zu einer Vorlesungsreihe über Journalismus an der Universität von Santa Monica, Kalifornien, in die USA gereist. Sie liebte diesen warmen und gastfreundlichen Ort voller Palmen und lächelnder Menschen. Sie war begeistert von den Studierenden und von ihrer eigenen Aufgabe dort.

Am 23. Oktober, während einer Vorstellung des Musicals *Nord-Ost*, überfiel eine Gruppe von über vierzig tschetschenischen Terroristen und Terroristinnen das Dubrowka-Theater und nahm knapp tausend Personen als Geiseln – Zuschauer, Techniker, Schauspieler und Musiker, darunter auch Ilja.

Zunächst erlaubten die Terroristen den Geiseln, Freunde und Verwandte zu kontaktieren, damit diese die Regierung dazu bewegten, ihre Forderungen zu akzeptieren. Ilja rief bei mir zu Hause an, um mir zu sagen, dass er unter den Geiseln sei, was ich in Wahrheit bereits wusste. Er rief mich noch weitere Male an und erzählte, was im Theater geschah und wie sich die Terroristen verhielten, die inzwischen eine Liste der Personen verbreitet hatten, mit denen sie bereit wären zu verhandeln. Darunter meine Mutter. »Sollte ich vielleicht sagen, dass ich Anna Politkowskaja kenne?«, fragte mich Ilja bei einem unserer Telefonate.

Sobald meine Mutter von der Geiselnahme erfuhr, versuchte sie, so schnell wie möglich nach Russland zurückzukommen. Doch sämtliche Maschinen nach Moskau waren ausgebucht, sodass sie erst in der Nacht vom 24. auf den 25. Oktober abfliegen konnte.

Die im Theater verschanzten Tschetschenen waren bereit zu sterben. Sie verlangten den sofortigen Rückzug der russischen Streitkräfte aus ihrem Land und die Beendigung des Krieges. Unter ihnen waren mit Granaten und Sprengstoffgürteln bewaffnete Frauen. Man nannte sie die »Schwarzen Witwen«: Frauen und Mädchen, die den Mann, einen Bruder oder einen Sohn verloren hatten. Die Gruppe wurde von Mowsar Barajew angeführt, der drohte, sämtliche Geiseln umzubringen, wenn ihre Forderungen nicht erfüllt würden.

Schließlich entschieden Ilja und ich uns dafür, den Terroristen zu sagen, dass er meine Mutter kannte und die Möglichkeit hatte, einen Kontakt zu ihr herzustellen.

Am folgenden Morgen rief einer der Geiselnehmer bei uns an und fragte nach meiner Mutter. Ich erwiderte, sie werde gleich in Moskau landen und er erreiche sie am besten, indem er meinen Bruder anriefe, der gerade auf dem Weg zum Flughafen sei. Ich legte auf und wählte sofort Iljas Nummer, um ihm Bescheid zu sagen. Wir fassten uns kurz, und sobald ich aufgelegt hatte, wurde er aus dem Theater kontaktiert. Mutter war schon gelandet, aber noch nicht herausgekommen. Er sah durch die Automatiktüren, wie sie auf ihren Koffer wartete, und beschloss hineinzugehen. Dabei rief er, er habe die Terroristen von *Nord-Ost* am Telefon, die verlangten, Anna Politkowskaja zu sprechen. Die Sicherheitsleute hielten ihn nicht auf, und so begann unsere Mutter neben dem Gepäckband zu verhandeln.

Das gesamte Viertel um das Theater herum war durch eine Reihe konzentrischer Sicherheitskreise vom Rest der Stadt abgeschottet worden. Der erste Ring befand sich ein paar Kilometer vom Theater entfernt, und dort drängte sich die Presse. Die Leute vom Geheimdienst hielten meinen Bruder zurück, der sich zunächst entschieden gegen eine Teilnahme meiner Mutter an den Verhandlungen ausgesprochen hatte, und ließen sie passieren. In der Nähe hatte man das Hauptquartier eingerichtet, von wo aus die Sicherheitskräfte versuchten, die Situation in den Griff zu bekommen. Dorthin brachte man meine Mutter.

Ihre Aufgabe ging weit über die Zuständigkeit einer Journalistin hinaus. Sie wollte wirklich vermitteln, doch ohne die Mitarbeit aller Seiten konnte sie nicht viel erreichen. Es war der 25. Oktober, zehn Stunden vor Beginn des Einsatzes der Spezialeinheiten, die das Gebäude stürmen und die Krise beenden würden. Doch das konnte zu diesem Zeitpunkt noch niemand wissen. In Absprache mit den Behörden und den Terroristen gelang es ihr, das Theater gemeinsam mit einem Arzt zu betreten. Sie erzählte mir später, sie sei sehr erschrocken. Die Terroristen hatten bereits einige Leute erschossen. Sie musste sich behutsam bewegen, einer bestimmten Route innerhalb des Gebäudes folgen, ein falscher Schritt konnte verhängnisvoll sein. »Ich weiß noch, dass ich auf Glasscherben getreten bin, vermischt mit etwas, das wie Blut aussah, überall war Glas«, sagte sie mir. »Dieses Gefühl werde ich niemals vergessen.«

Am Anfang sprach sie mit einem Geiselnehmer, dann nach wenigen Minuten mit einem anderen, dem neunundzwanzigjährigen Abu Bakar, der sich als einer der Anführer vorstellte. In ihm erkannte sie jene Generation Tschetschenen, die von Geburt an kämpften und in ihrem Leben nichts anderes als Krieg gekannt hatten.

Mutter versuchte, diese Männer zu überzeugen, dass sie wenigstens die Kinder freiließen, doch vergebens. Bakar erklärte ihr, die unabdingbare Voraussetzung für die Freilassung der Geiseln sei das Ende des Krieges. Etwas anderes hätte keinen Sinn.

Daher bat sie darum, den Gefangenen, die, wie man wusste, teilweise schon anfingen, ihren eigenen Urin zu trinken, Wasser bringen zu dürfen. Dies gestatteten ihr die Geiselnehmer.

Als meine Mutter die Leute des Geheimdiensts informierte, zuckten diese mit den Achseln und meinten, für Wasser gebe es keine Mittel.

Sie rief mich empört an. »Die Geiselnehmer sind bereit, uns Wasser und Fruchtsaft zu den Gefangenen bringen zu lassen, aber im Hauptquartier sagen sie, es gäbe kein Geld dafür. Ist das denn zu glauben?« Sie nahm alles Bargeld, das sie bei sich hatte, und legte es auf den Tisch. Einige der Anwesenden mussten wohl oder übel mitziehen, und so kam schließlich genug für einen gewissen Vorrat zusammen.

Kurz darauf zeigten die Medien der ganzen Welt Bilder von meiner Mutter und dem berühmten Kinderarzt Leonid Roschal, die mehrmals mit einem Karren voller Wasserflaschen und Saftpackungen das Theater betraten und wieder herauskamen. Nachdem sie alles getan hatte, was in ihrer Macht stand, und es inzwischen Nacht war, kehrte sie endlich nach Hause zurück. Jedoch nicht, ohne zuvor von den Geheimdiensten verhört und nach jedem Detail gefragt worden zu sein, das sie dort drin gesehen hatte.

Am 26. Oktober, drei Tage nach Beginn der Krise, war alles vorbei. Gegen sechs Uhr früh wachte ich vom Lärm des Fernsehers auf. Meine Mutter saß mit starrem Blick vor dem Bildschirm, alle Lichter waren an. »Sie stürmen das Theater«, erklärte sie mir.

Russische Spezialeinheiten waren soeben ins Gebäude eingedrungen, nachdem man zuvor tödliches Gas hineingeleitet hatte. Damit waren alle Hoffnungen auf Verhandlungen mit den Terroristen sowie die bisherigen Vermittlungsbemühungen meiner Mutter und anderer Personen zunichte gemacht. Im Fernsehen sah man live, wie die leblosen Körper der Geiseln aus dem Gebäude getragen, vor dem Eingang aufgehäuft, in Busse und Notarztwagen geladen wurden. Mein Freund Ilja hat es zum Glück überlebt.

»Ich muss in die Krankenhäuser, in die man die Geiseln gebracht hat«, sagte meine Mutter, zog sich an und verließ die Wohnung.

Sie war mehr als nur eine Journalistin, die über die Tragödie berichten wollte. Sie war persönlich betroffen, sie war in diesem Theater gewesen und fühlte sich mitverantwortlich für das, was dort gerade geschah.

Sie besuchte sämtliche Krankenhäuser der Stadt, an deren Eingängen Listen mit den Namen der Verletzten hingen. Sie eilte zu den Ärzten, bat um Informationen über die eingelieferten Patienten, wollte wissen, was für ein Gas man benutzt hatte, wie viele Personen gestorben waren, doch deren Zahl wuchs stündlich. Offizielle Schätzungen sprachen schließlich von hundertdreißig Opfern unter den Geiseln, neben den beinahe fünfzig Terroristen, die alle durch Gas oder Schusswaffen getötet worden waren.

Ilja wurde ins Sklifossowski-Krankenhaus gebracht. Am nächsten Abend kam er zu uns, bleich und aufgewühlt, und erzählte uns alles, was er in diesem Theater durchgemacht hatte. Er sagte, dass es ihm zunächst gelungen sei, sich mit anderen Musikern in einem abgelegenen Flügel zu verstecken, wo die Terroristen sie nicht gefunden hätten, wenn eine Kollegin nicht in Panik geraten wäre und angefangen hätte zu schreien. In dem Moment habe er gefürchtet, sofort hingerichtet zu werden, doch sie hatten ihn nur zusammen mit den anderen in den großen Saal gebracht.

Wir bemerkten an ihm eine Art Stockholm-Syndrom. Er hatte Verständnis für die Aktion der Terroristen und war überzeugt, dass all diese Gewalt eine gewisse Berechtigung hätte.

Diese Unterhaltung, die wir »auf russische Art« in der Küche führten, gab den Anstoß zum ersten Artikel, den meine Mutter über den Angriff schrieb. So wurde das Schicksal der Geiseln – überlebend, gestorben oder verletzt – und ihrer Familien ein weiteres brisantes Thema, in das sie sich monatelang vertiefte.

Nach ein paar Artikeln hieß es, meine Mutter zöge Profit aus den Toten, sie »tanze auf ihren Gebeinen«, um Karriere zu machen. Das behaupteten viele ihrer Kollegen. Über diesen verwerflichen Einsatz zu schreiben, in dessen Folge hundertdreißig Menschen starben, anstatt befreit zu werden, hieß, wie so oft in Russland, die Arbeit der Spezialeinheiten und die Entscheidungen ihrer Anführer in Frage zu stellen. Deswegen, gerade weil die Sache schiefgelaufen war und viele Menschen das Leben gekostet hatte, riet man ihr, davon abzulassen.

Meine Mutter sah es jedoch genau umgekehrt. Tagelang rief sie alle an, sprach mit Dutzenden, vielleicht Hunderten Personen, die in irgendeiner Weise von dem terroristischen Anschlag betroffen waren. Sie versuchte herauszufinden, was für ein Gas ins Lüftungssystem des Theaters eingeleitet worden war und warum die Rettungskräfte kein Gegenmittel dabei gehabt hatten, um es den Geiseln zu verabreichen.

Diese Missachtung von Menschenleben machte meine Mutter fassungslos, und sie hatte das Gefühl, nicht genug getan zu haben, erst bei den Verhandlungen, dann bei ihrem Versuch, den trauernden Familien zu helfen.

»Ich schreibe über diese Menschen und ihre Geschichten, meine Notizen sind wie eine Psychotherapie für sie, die sonst mit ihrem Schmerz allein bleiben würden, weil der Staat ihnen in keiner Weise hilft, ihnen nicht sagt, wie und warum ihre Angehörigen gestorben sind.«

Sie fand es notwendig, mit den überlebenden Geiseln und den Familien der Opfer zu arbeiten. Den seelischen Zustand eines Menschen, der drei Tage mit Waffen bedroht wurde oder seine Nächsten bei einem Angriff verloren hat, kann man nicht mit gewöhnlichen Worten beschreiben. Man muss ihm auf den Grund gehen, muss das suchen, was man nicht sieht und was er nicht sagen will.

»Ich gehe zu einem Treffen mit ehemaligen Geiseln, warte nicht auf mich, es wird sicher spät.« Diesen Satz habe ich, glaube ich, Dutzende Male gehört.

»Warum wird es spät?«, fragte ich sie einmal.

»Weil man da nicht einfach aufstehen und weggehen kann«, antwortete sie mir.

Sie wollte ihnen eine seelische Stütze sein, doch oft kehrte sie selbst niedergeschlagen von diesen Treffen zurück. Wer daran teilnahm, hatte eine schreckliche Geschichte hinter sich, mit einem tragischen Ende: dem Verlust des Ehemannes, eines Sohnes oder einer Tochter, eines Bruders oder einer Schwester, eines Elternteils oder beider. Und in manchen Fällen sogar der ganzen Familie. Meine Mutter schaffte es nicht, diesen Schmerz von sich fernzuhalten, und machte ihn wieder einmal zu ihrem eigenen.

Wieder erfüllte sie weit mehr als die Rolle einer Journalistin. Sie bemühte sich, die Familien zu unterstützen, half ihnen, Gerechtigkeit zu fordern, und sie schrieb, schrieb unermüdlich, in der Überzeugung, auf diese Weise niemanden im Stich zu lassen. Dennoch nahm ihre Bedrücktheit täglich zu, bis sie wie ein grauer Schleier war, den man mit bloßem Auge sehen konnte.

Irina Fadejewa, die im Theater einen Sohn verloren hatte, ergriff bei der Beerdigung meiner Mutter das Wort. »Sie, die Mächtigen, hatten Angst vor all den Menschen, denen Anna helfen konnte. Doch dank ihr wurde die Mauer des Schweigens eingerissen.« So ist es. Dies hatte meine Mutter für viele Menschen bedeutet. Sie hatte nie Angst, das System, sprich Putin, als Verantwortlichen für den Tod der Geiseln zu benennen. Und sie tat es bis zum Schluss, unermüdlich.

Auch ich hätte in diesem Theater sein können. Unter den Geiseln, den Opfern oder jenen, welche dort Wunden davongetragen haben, die nicht verheilen. Doch ich hatte den Wecker nicht gehört und das Vorspiel an jenem Tag verpasst.

Inzwischen wurde vor dem Theater ein Mahnmal zum Gedenken an die Opfer errichtet. Eine eher schmucklose Betonstele, überragt von drei davonfliegenden eisernen Störchen. In den Granitblock darunter ist folgender Satz eingraviert: ZUR ERINNERUNG AN DIE OPFER DES TERRORISMUS. Sonst nichts. Keine Spur davon, um welchen Terrorismus, um welche Geschichte es geht. Neben dem Denkmal steht eine kleine Kirche, in der sich jedes Jahr am 26. Oktober nach der Gedenkfeier die Hinterbliebenen zum Gebet versammeln.

2011 entschied der Europäische Gerichtshof für Menschenrechte zugunsten der Angehörigen der Opfer, indem er urteilte, zur Beendigung der Krise sei zwar Gewaltanwendung legitim gewesen, doch habe Russland versäumt, Rettungsmaßnahmen für die unschuldigen Opfer des eingesetzten Gases bereitzuhalten.

Meine Mutter war in der Zwischenzeit ermordet worden und konnte das Urteil nicht mehr lesen. Ich weiß, dass sie sich sehr für die ehemaligen Geiseln und die Familien der Opfer gefreut hätte, deren Schicksal sie sich so zu Herzen genommen hatte.

13
Mein Bruder und unsere Erinnerungen

Im Laufe der Jahre sind die Erinnerungen an *Nord-Ost* in weite, teilweise nebulöse Ferne gerückt, und so habe ich versucht, sie mit meinem Bruder zu rekonstruieren. Ilja und ich stehen uns sehr nahe, von klein auf, auch wenn wir, wie häufig bei Geschwistern, unterschiedlicher Meinung darüber sind, wie unsere Eltern uns erzogen haben.

»Ist dir klar, dass wir nicht einmal einen Kühlschrank in der Wohnung hatten, als ich auf die Welt kam, aber kaum warst du geboren, hat Papa für seine kleine Prinzessin einen gekauft?« Vor meiner Geburt hatten meine Eltern einen Kühlschrank, der zu Sowjetzeiten sehr verbreitet war. Er wurde nicht mit Strom betrieben, sondern hielt die Lebensmittel im Winter mit der Außenluft kalt.

Ilja erzählt diese Episode, um mir zu beweisen, dass Mama und Papa uns nicht gleich behandelten, aber er irrt sich.

Mein Bruder hat die grauenhaften Tage der Krise im Dubrowka-Theater aus nächster Nähe erlebt.

»Erinnerst du dich noch, dass du versucht hast, Mama von ihrem Vorhaben, mit den Terroristen zu verhandeln, abzubringen, weil du wusstest, dass es gefährlich war?«, frage ich ihn bei einer Tasse Tee.

»Ja, ich war dagegen. In Wahrheit war ich generell gegen das, was sie tat. Versteh mich nicht falsch. Ich schätze ihre

Arbeit. Ich habe immer gewusst, dass niemand sonst in Russland sie an ihrer Stelle getan hätte. Mir hat nur nicht gefallen, dass ausgerechnet unsere Mutter das übernehmen musste. Ich weiß, das ist ein Widerspruch, darüber habe ich auch oft mit ihr gesprochen. Mama hat gesagt, sie sei die einzige Hoffnung für die tschetschenischen Zivilisten. Und das stimmte.«

»Was hast du ihr gesagt, als du sie damals am Flughafen abgeholt hast?«

»Nichts Besonderes. Wir wussten beide, wozu wir uns getroffen hatten und wohin wir unterwegs waren.«

»Worüber habt ihr während der Fahrt denn geredet?«

»Sie hat kaum den Mund aufgemacht. Sie war fokussiert auf das, was sie gleich tun würde, auf die Begegnung mit den Terroristen.«

»Ich erinnere mich, dass sie mich vor ihrem Abflug aus den USA angerufen hatte. In ihrem Gepäck waren nur leichte Kleider, und ich sollte dir wärmere Sachen zum Flughafen mitgeben.«

»Ja, sie hat sich dort umgezogen. Dann sind wir direkt zum Theater gefahren.«

»Weißt du, dass sie mir danach fast vorgeworfen hat, ich hätte nicht die richtigen Kleidungsstücke ausgewählt?«

»Nein, das wusste ich nicht. Jedenfalls, während ich am Flughafen auf sie gewartet habe, haben die Terroristen mich auf dem Handy angerufen. Von dem Moment an ist mein Telefon über Monate abgehört worden. Hier sind zwei Geschichten zusammengekommen. Zum einen war da unser Freund Ilja im Theater, der helfen wollte und gesagt hatte, er kenne Anna Politkowskaja, zum anderen die Terroristen, die auf Mutters Intervention als Vermittlerin warteten.«

»Hast du denn damals die Kommandozentrale der Geheimdienste betreten?«

»Nein, nein. Die Polizei hatte die Gegend um das Theater komplett abgeriegelt, selbst den Anwohnern war der Zutritt verboten. Gemeinsam kamen Mama und ich nur bis zum ersten Sicherheitskordon. Dort haben die Geheimdienstler sie an einem vereinbarten Punkt aus dem Auto geholt, an einer menschenleeren Stelle, ein paar Kilometer vor dem Theater. Danach ist sie mit ihnen in der Einsatzzentrale verschwunden.«

»Wie haben die Geheimdienstleute Mama denn aufgenommen?«

»Nach dem, was sie mir anschließend erzählt hat, wurde sie mit Argwohn betrachtet. Anfangs hat man ihr nicht einmal gestattet, das Zelt des Hauptquartiers zu betreten, von dem aus die Operationen koordiniert wurden. Die Agenten wussten genau, dass man Mutter nicht manipulieren konnte, und vielleicht hatten sie Angst, sie könnte irgendetwas hören oder mitbekommen, was nicht durchsickern durfte. Kurz, sie wollten nicht, dass sie ihnen in die Quere kam. Gleichzeitig jedoch waren sie auf Mama angewiesen, denn es waren ja die Terroristen, die ihre Anwesenheit verlangt hatten.«

»Was hast du gedacht, als sie das Theater betreten hat?«

»In Wahrheit war ich zu weit weg, um es mitzubekommen. Einige Freunde haben mich informiert, dass sie sie im Fernsehen gesehen hätten. Natürlich habe ich gehofft, sie würde schnell wieder herauskommen. Mama hat die Terroristen um Erlaubnis gebeten, den Geiseln Fruchtsaft und Trinkwasser bringen zu dürfen, ich glaube, auch Damenbinden, ihr wurde aber nur gestattet, die Getränke mit hineinzunehmen. Als sie wieder draußen war, musste sie auch noch die aus dem Hauptquartier überreden, aber die haben gesagt, sie hätten keine Mittel für so etwas. Irgendwie hat sie das Geld zusammengebracht, ist zu der Stelle, an der wir uns getrennt hatten, gekommen und dann sind wir gemeinsam losgegangen, um die Getränke zu kaufen. Insgesamt werden es sechshundert Liter gewesen sein, das Auto war voll mit Wasser und Fruchtsäften. Ich habe angeboten, ihr beim Ausladen vor dem Theater zu helfen, aber das wurde mir nicht gestattet, also habe ich alles am Kontrollposten des äußersten Rings zurückgelassen. Die Geheimdienstleute hatten eine Liste mit Personen, Zivilisten, die sich innerhalb der Sicherheitsringe bewegen durften. Darunter war ein Arzt, ein Kinderarzt, den Mama kannte. Er war es, der ihr geholfen hat, alles ins Theater zu schaffen.«

»Bei der Beerdigung unserer Mutter gab es viele Blumenkränze von den Angehörigen der Opfer von *Nord-Ost*. Und unser Freund Ilja, auch er damals unter den Geiseln, hat Mamas Porträt getragen, als der Leichenzug sich zum Grab bewegt hat.«

»Ich erinnere mich. Eine von ihnen, Jelena Baranowskaja, schreibt mir noch heute zu jedem Jahrestag von Mutters Ermordung. Jelena hat ihren Sohn und ihren Partner in dem Theater verloren, und als Mama noch am Leben war, haben sie sich unheimlich oft getroffen.«

Nach dem Terrorangriff auf das Dubrowka-Theater lud meine Mutter mich ein, mit ihr nach Wien zu reisen, wo sie an einer Konferenz teilnehmen sollte. Ich könne mir unterdessen die Stadt ansehen, die ich noch nicht kannte.

Ein Erinnerungsfoto der Wien-Reise. Anna beim Bummel durch die stilleren Straßen der Stadt, im Hintergrund die untergehende Sonne.

Dieser Vorschlag war ein bisschen sonderbar, denn mein Bruder und ich waren damals bereits erwachsen und verbrachten unsere Ferien mit Freunden. Tatsächlich unternahm ich in jenen Jahren mit meiner Mutter nur diese Reise nach Wien und wenige Monate später eine in die Türkei ans Meer.

In ihren freien Stunden besichtigten wir die österreichische Hauptstadt. Ich erinnere mich, wie wir uns im Sigmund-Freud-Haus kaputtlachten, als wir das Sofa sahen, auf dem es sich Freuds Patienten »gemütlich« machen sollten. Da es aus Eisen war, kam es uns für eine psychoanalytische Sitzung reichlich unbequem vor. Wir streiften durchs Zentrum, fasziniert von der wunderschönen Architektur der Prachtbauten und probierten in den Konditoreien die Kaffee- und Kuchensorten durch. Seit Kurzem hatten wir eine digitale Fotokamera – die Redaktion der *Nowaja Gaseta* hatte sie meiner Mutter zur Verfügung gestellt –, und so nahm ich zahlreiche Stadtansichten auf. In einer Nebenstraße, weitab vom Trubel des Rings, schoss ich einige Fotos von meiner Mutter mit der untergehenden Sonne im Hintergrund.

Ganz generell war mein Verhältnis und das von Ilja zu unserer Mutter immer ziemlich kompliziert. Ihr Charakter und das Leben, das sie gewählt hatte, diktierten ihre Entscheidungen und ihr Verhalten.

Ehe sie sich ganz dem Journalismus widmete, konzentrierte sie ihre Energie auf die Familie. Sie war keine der Mütter, die überzeugt waren, ihre Kinder müssten einen »ganz besonderen Weg« beschreiten und wer weiß was werden, und dennoch hatte sie eine genaue Vorstellung davon, wie wir erzogen werden, welchen Interessen wir nachgehen, welche Bücher wir lesen sollten. Bildung spielte dabei eine zentrale Rolle.

Ihr Grundsatz war ganz einfach: »Wenn du nicht machst, was ich sage, bekommst du Probleme mit mir.« Wie man sich leicht vorstellen kann, passte uns diese Haltung nicht, und wir versuchten uns zu widersetzen, mit unterschiedlicher, aber tendenziell wachsender Hartnäckigkeit, je nach Lebensphase.

So war unserer Mutter zum Beispiel nicht gleich bewusst, dass unsere Kindheit vorbei war und damit ihre Macht, unser Leben zu beeinflussen, unaufhaltsam abnahm. Ihr strenger Erziehungsstil zeitigte keine Ergebnisse mehr, im Gegenteil, er führte nur zu immer neuen Konflikten. Es gab

Anna mit ihren Freundinnen aus Kindertagen:
Maria (links) und Jelena (rechts).

viel Streit, gegenseitige Vorwürfe, aber gegen Ende ihres Lebens – als wir erwachsen geworden waren – hatten die Dinge sich eingependelt, und wir brachten sehr viel mehr Verständnis füreinander auf.

Die Komplexität ihres Charakters manifestierte sich in all ihren Beziehungen. So wie sie sich in der Familie verhielt, so verhielt sie sich auch gegenüber engsten Freundinnen und Freunden, Kolleginnen und Kollegen. Manchmal war sie aufbrausend, vollkommen unzugänglich. Die wenigen Freunde, die einigermaßen regelmäßig bei uns vorbeikamen, wurden mit der Zeit immer weniger, auch aufgrund ihrer Arbeitslast. In den letzten Jahren hatte Anna praktisch keine engeren Kontakte mehr. Dann kamen noch die Reisen hinzu, nach Tschetschenien oder in andere Länder. Vor allem die Auslandsreisen wurden von Jahr zu Jahr häufiger.

Jedes Mal kam sie mit einem Kunstgegenstand zurück. Es machte ihr große Freude, die Wohnung zu verschönern: Die Wände hingen voller Gemälde, Reproduktionen berühmter Werke, Ansichten von Städten und Orten, die sie besucht hatte, Familienfotos. Nach jeder Reise kam eine Skulptur, ein Spielzeug oder die soundsovielte Froschfigur hinzu, die sie in der ganzen Wohnung verteilte.

Der einzige Anlass, der sie in der Stadt hielt, war ihr Geburtstag, denn sie liebte es, ihn zu Hause mit ihren engsten Freunden und Familienangehörigen zu feiern. In den letzten Jahren hatte sie aufgehört, »offizielle« Einladungen auszusprechen. Sie meinte, wer ihr nahe sei, den müsse man nicht extra einbestellen, der würde, wenn es ihm wichtig war, von alleine kommen.

Mutters engste Freundinnen, Jelena und Maria, waren vom ersten Schuljahr an mit ihr in einer Klasse gewesen. Ihre Freundschaft hielt ein Leben lang, und keine der beiden hatte etwas mit Journalismus zu tun. Vielleicht half das, die Verbindung aufrechtzuerhalten. Die Mehrzahl der Kollegen hatte nämlich eine ziemlich distanzierte, wenn nicht sogar offen kritische Haltung meiner Mutter und ihrer Arbeit gegenüber. Auch wenn sie sich nach ihrem Tod zu Lobeshymnen aufschwangen und ihre Verbundenheit beteuerten. Das macht mich noch heute sprachlos, weil ich die Wahrheit kenne.

14
Putins Gift

Unsere Mutter hat meinem Bruder und mir oft gesagt, dass sie höchstwahrscheinlich kein »gewöhnliches« Ende nehmen würde.

Nach dem gewaltsamen Tod eines Kollegen, des Journalisten Juri Schtschekotschichin, im Juli 2003 machte sie sogar Witze darüber: Wenn man sie schon umbrachte, dann doch bitte auf eine zu einer Frau passenden Art, zum Beispiel mit einem eleganten, vergifteten Rosenstrauß.

Als eine Gruppe Terroristen am 1. September 2004 die Schule Nr. 1 von Beslan in Nordossetien, nicht weit von Tschetschenien, besetzte, war meine Mutter in Moskau.

An diesem Tag begeht man in Russland das sogenannte *Linejka*-Fest, was »Lineal-Fest« bedeutet. In allen Schulen des Landes wird der Beginn des neuen Schuljahres gefeiert, und die Jungen und Mädchen, die sich aufs Abitur vorbereiten, übergeben den Erstklässlern im Beisein der Familien symbolisch ein Glöckchen. Die Schule in Beslan war daher brechend voll, und die Terroristen nahmen annähernd 1500 Schülerinnen und Schüler, Lehrende, Eltern, Brüder und Schwestern als Geiseln. Ihre Forderungen zur Freilassung all dieser Unschuldigen waren nicht neu und ganz klar: Sofortige Beendigung des Krieges und Anerkennung der Unabhängigkeit Tschetscheniens.

Sobald meine Mutter von der Geiselnahme erfuhr, beschloss sie, nach Beslan zu gehen, da sie es für notwendig hielt, Verhandlungen mit den Terroristen aufzunehmen. Vor allem wollte sie vermeiden, dass sich ein Geiselmassaker wie im Dubrowka-Theater wiederholte. Zudem kontaktierte meine Mutter den Präsidenten der Republik Itschkerien, Aslan Maschadow. Sie kamen überein, Verhandlungen mit den Terroristen einzuleiten. Dies hätte die Entwicklung der Lage auf signifikante Weise beeinflussen und wahrscheinlich eine derart hohe Opferzahl verhindern können. Der Flugverkehr in die Region war jedoch ausgesetzt worden, und sie fand kein Verkehrsmittel, um hinzugelangen. Trotzdem war ich sicher, dass sie nicht so leicht aufgeben würde.

Tatsächlich kaufte sie bei der Fluggesellschaft Karat ein Ticket nach Rostow am Don, von wo aus man Beslan in wenigen Stunden mit dem Auto erreichen kann. Vor dem Boarding rief sie mich vom Flughafen Moskau-Wnukowo aus an, um mir zu sagen, dass es dort von Geheimdienstagenten in Zivil wimmele und sie den Eindruck habe, einige von ihnen ließen sie nicht aus den Augen. So war es: Sie hatte gelernt, sie auf den ersten Blick zu erkennen, auch in Zivil und inmitten der Menge.

In jedwedem Land sollte der Anblick von Vertretern des Staates ein Gefühl von Schutz und Sicherheit vermitteln, doch nicht in Russland. So ging es meiner Mutter, und so geht es mir heute: Die Anwesenheit der Geheimdienste war und ist Grund zur Beunruhigung.

Mutter erreichte Beslan nie. Wenige Stunden später wurde sie bewusstlos ins Krankenhaus von Rostow am Don eingeliefert, nachdem ihr im Flugzeug schlecht geworden war. Außer einem Tee, den ihr die Stewardess brachte, hatte sie an Bord nichts zu sich genommen. Sie war unheimlich auf ihre Ernährung bedacht, aß lieber gar nichts als etwas, von dessen Qualität sie nicht überzeugt war. Doch das tat sie um ihrer Gesundheit willen, sicher nicht aus Angst vor einem Anschlag.

Es war Dmitri Muratow, der mich informierte. »Wir versuchen gerade, sie im Krankenhaus zu erreichen, um zu erfahren, was los ist«, erklärte er mir am Telefon. Und er fügte hinzu, meine Mutter habe ihn, ehe sie das Bewusstsein verlor, angerufen, um ihm zu sagen, dass man sie vergiftet habe.

Ich war bei der Arbeit und machte weiter, ohne ein Wort darüber zu verlieren, auch wenn ich in Wahrheit alles andere als ruhig war. Ich versuchte, mir nichts anmerken zu lassen. Kurz darauf ging die Meldung jedoch durch alle Medien, und mein Vorgesetzter kam zu mir und meinte: »Deine Mutter ist im Flugzeug kollabiert.«

»Ja, ich weiß«, erwiderte ich und ging nach Hause.

Wenn meine Mutter Beslan erreicht hätte, dann hätte sie versucht, mit den Terroristen zu reden, doch offenkundig wollten zu viele Personen nicht, dass dies geschah. Ihnen passte nicht, wie sie arbeitete, dass sie sich anhörte, was die Familien der Opfer zu berichten hatten. In diesem Flugzeug hatten sie nicht nur versucht, sie umzubringen. Sie hatten sie daran gehindert, ihre Arbeit zu machen.

Als sie wieder zu sich kam, begriff sie nicht, wie ihr geschah. Sie lag in einem Krankenhauszimmer, umgeben von großen, mit sehr heißem Wasser gefüllten Plastikflaschen. Mit dieser seltsamen Methode ohne jegliche wissenschaftliche Grundlage versuchten die Ärzte, ihren Blutdruck und ihre Körpertemperatur anzuheben. Der Mangel an Medikamenten und medizinischem Gerät ist in russischen Krankenhäusern außerhalb von Moskau und Sankt Petersburg traurige Normalität, und nach allem, was wir hörten, war klar, dass sie dringend nach Moskau gebracht werden musste. Die Zeitung mietete einen Privatjet, um sie zu holen, doch zuerst wollten die Ärzte sie nicht entlassen. Noch dazu hielt das Krankenhaus aus unerfindlichen Gründen die Untersuchungsergebnisse und die Blutproben zurück, die man am Flughafen und direkt nach ihrer Einlieferung entnommen hatte und mit deren Hilfe man die Substanz, die ihr verabreicht worden war, vielleicht hätte identifizieren können.

Schließlich wurde meine Mutter ins American Medical Center in Moskau überführt. In kritischem Zustand und ohne ausreichende diagnostische Daten, um zu verstehen, womit man sie vergiftet hatte. Als ich zu ihr kam, konnte sie nicht aufstehen. Sie lag da, reglos, sogar außerstande zu sprechen. Ärztinnen und Krankenpfleger waren an ihrem Bett zugange, trennten und verbanden Maschinen voller Kabel mit ihrem Körper.

»Wenn sie die Schule auch diesmal stürmen und Opfer unter den Zivilisten verursachen, weiß ich nicht, ob ich es schaffe weiterzumachen. Das wird langsam zu einer Art Albtraum«, sagte sie mir, als es ihr ein wenig besser ging. Meine Mutter spielte tatsächlich mit dem Gedanken, den Journalismus aufzugeben.

Die in Moskau durchgeführten Analysen konnten nicht ermitteln, mit welcher Substanz sie vergiftet worden war. Das Gift blieb in ihrem Körper, wurde aber nie identifiziert. Dazu hätte man, wie die Ärzte uns erklärten, die allerersten Proben gebraucht, die sofort, nachdem sie sich unwohl gefühlt hatte, entnommen worden waren. Doch als man meine Mutter aus dem Krankenhaus von Rostow holte, behaupteten die Ärzte dort, alle Röhrchen mit den Proben seien zerbrochen. In der Krankenakte, die man ihr in Moskau bei ihrer Entlassung gab, stand daher: »Vergiftet mit einer der Wissenschaft nicht bekannten Substanz.«

Trotz einer vollen Woche im Krankenhaus erholte meine Mutter sich nie ganz. Das Gift hinterließ eine Schädigung des Hormonsystems und der Leber, die chronisch wurde. Anna entwickelte auch einen Typ-2-Diabetes mit plötzlichen Blutzuckerkrisen. Wenn sie nicht rechtzeitig aß, wurde sie manchmal ohnmächtig, und wir mussten den Notarzt rufen. Sie gewöhnte sich an, immer etwas Süßes dabei zu haben, um bei Bedarf ihren Blutzuckerspiegel schnell zu stabilisieren.

Unterdessen hatte Ruslan Auschew, Ex-Präsident der Republik Inguschetien, am 2. September die Schule in Beslan betreten. Er war dort etwa zwei Stunden geblieben und hatte es geschafft, die Terroristen zur Freilassung von fünfzehn Kindern und elf Frauen zu bewegen.

Am Nachmittag des 3. September, nachdem aus der Turnhalle der Schule, in der sich die Geiseln befanden, mehrere Explosionen zu hören gewesen waren, stürmten die Spezialeinheiten das Gebäude. Die Kämpfe dauerten bis tief in die Nacht an, und viele Terroristen ebenso wie etliche Geiseln wurden getötet.

Der offiziellen Version zufolge hatten die Terroristen weitere Verhandlungen abgelehnt. Seitdem sind 19 Jahre vergangen, und noch immer gibt es keine genaue Opferzahl. Unterschiedliche Quellen machen unterschiedliche Angaben, die von 314 bis 450 reichen, darunter 186 Kinder. Ungefähr 800 Menschen haben mehr oder weniger schwere Verletzungen davongetragen. Sofort nach dem Ende des Einsatzes wurde am Stadtrand von Beslan ein Feld umgepflügt und in einen riesigen Friedhof verwandelt, auf dem man Hunderte von Gräbern aushob. Es wurde auch eine Untersuchungskommission eingerichtet, die den Angehörigen der Opfer jedoch keine vollständige und überzeugende Version dessen liefern konnte, was in jenen furchtbaren Tagen geschehen war.

15
Das Glück ist eine Kokospraline

Als meine Eltern heirateten, hatte meine Mutter keinerlei Erfahrung in der Küche. Sie konnte nicht einmal Kascha zubereiten, eine Grütze aus zerstoßenem und gekochtem Buchweizen, die man mit Waldbeerenkonfitüre oder saurer Sahne isst.

Und doch hat sich diese junge Braut, die ihre Mutter am Telefon festnagelte und flüsternd, damit ihr Mann sie nicht hörte, nach Dosierungen und Kochzeiten fragte, um eine essbare Kascha hinzubekommen, innerhalb weniger Jahre zu einer exzellenten Köchin entwickelt. Sie kochte jedes beliebige Gericht, ja, sogar Marmelade. Am Morgen weckte sie uns mit Kascha, und kaum waren wir aus der Schule zurück, standen dampfender Borschtsch oder eine andere Suppe neben einem Fleischgericht auf dem Tisch. Oft gab es auch gefüllte Auberginen und Tomaten, deren Zubereitung viel Zeit und Sorgfalt verlangte. Sie fand auch Vergnügen daran, immer neue Vorspeisen zu kreieren. Ich habe nie erlebt, dass sie uns eine aufgewärmte, fertig gekaufte Mahlzeit aufgetischt hätte. Und standen Familienfeste an, dann entwarf und kochte sie mit Begeisterung ausgefeilte Menüs.

Je größer wir wurden, desto weniger Zeit verbrachte sie in der Küche. Sie sah mit einem gewissen Bedauern, dass sich

Die Familie Masepa in den Sechzigerjahren mit Anna (links) und ihrer Schwester Jelena (rechts).

unsere Gewohnheiten verändert hatten, aber dann traten ihre Hintergrundrecherchen und ihre Reisen nach Tschetschenien an die Stelle der Kochorgien. Also war nun Opa, der regelmäßig vorbeikam, dafür zuständig, dass Ordnung in der Wohnung herrschte und die Rituale fortgeführt wurden, die wir aus der Kindheit gewohnt waren.

Wenn es auf Weihnachten zuging und man bei den Süßigkeiten zuschlagen durfte, wartete Großvater darauf, dass wir unseren Teller mit Syrniki aufgegessen hatten, ehe er zwei Kokospralinen aus der Tasche zauberte. Er sah uns mit feierlicher Miene an und gab die eine Praline mir, die andere Ilja. War einer von uns bereits gegangen, dann holte er nur eine Praline hervor. Nie und nimmer hätte er sie jemand anderen aushändigen lassen, sie musste aus seiner Tasche direkt in unsere Hände wandern.

Ilja und ich sahen einander an und bemühten uns, den Ernst des Augenblicks zu wahren, vor allem, als wir schon erwachsen waren. Opa, dessen Generation die Lebensmittelknappheit zu Sowjetzeiten und vor allem die Schrecken der diversen Hungersnöte miterlebt hatte, fand, dass er seine Enkel mit etwas Süßem verwöhnen musste.

Unsere Mutter hat unsere Partnerwahl immer respektiert, und als Ilja ihr mitteilte, dass er heiraten würde, setzte sie alles daran, eine schöne Hochzeit auszurichten, auch wenn ihr die zukünftige Schwiegertochter nicht besonders zusagte. Aber sie hatte nicht vergessen, dass auch ihre Ehe, die seit mittlerweile über zwanzig Jahren hielt, von Oma und Opa nicht gerade mit Begeisterung aufgenommen worden war. Sie war daher überzeugt, dass die Zustimmung der Eltern keine Garantie fürs Eheglück war und diese nicht darüber befinden sollten, mit wem die Kinder eine Familie zu gründen hatten.

Um ehrlich zu sein, gefiel auch mir die Verlobte meines Bruders nicht, und als ich mit meiner Mutter über meine Zweifel an der Tragfähigkeit dieser Verbindung redete und meinte, ich glaube nicht, dass sie lange halten würde, witzelte sie: »Und wenn schon, lass uns dafür sorgen, dass wir wenigstens exzellente Hochzeitsfotos haben.«

Tatsächlich wollte sie, dass die Hochzeit in großem Stil gefeiert wurde, und sorgte persönlich für eine perfekte Or-

Ilja mit unserer Mutter am Tag seiner Hochzeit.

ganisation, wobei sie sich selbstverständlich um jedes Detail kümmerte. Und das war alles andere als eine Kleinigkeit, denn die Brautleute wünschten sich ein traditionelles Hochzeitsfest mit einer Menge an Gästen, Kellnern, Köchen und Speisen aller Art. Nach mehrmonatiger Vorbereitung kam endlich der ersehnte Tag. Ich erinnere mich, dass unsere Mutter die Wohnung von oben bis unten auf Hochglanz poliert hatte, denn nach altem Brauch sollten Freunde und Verwandte vor der Zeremonie im Haus des Bräutigams empfangen werden. Deshalb musste alles tadellos sein.

Am Ende wurde es, wie sie vorausgesehen hatte, eine Traumhochzeit: eine prunkvolle Zeremonie, auf die ein rauschendes Fest in einem russischen Restaurant folgte, mit Aberdutzenden geladenen Gästen von beiden Seiten. Ilja heiratete im Sommer 2005, und wie wir beide geahnt hatten, war er anderthalb Jahre später schon wieder geschieden.

16
Martin und Van Gogh

Bei uns daheim gab es immer Haustiere. Mein Vater züchtete Fische und hatte einen Papagei. Unser erster Hund hieß Wilhelm, zu Ehren des Helden der Rossini-Oper *Wilhelm Tell*. Er entwischte uns jedoch bald bei einem Spaziergang und endete unter einem Auto.

Kurz danach bekamen wir einen Dobermann, Martin. Entgegen allen Vorurteilen über diese Rasse war er ein unglaublich lieber Hund. Ilja und ich waren noch klein, unser Vater war viel auf Reisen, deshalb kümmerte sich hauptsächlich Mutter um ihn. Sie pflegte ihn, als er an Hundestaupe erkrankte, obwohl die Tierärzte sagten, man könne nichts für ihn tun. Martin dämmerte auf dem Sofa im Schlafzimmer meiner Eltern vor sich hin. Man sah, wie er litt, und wir waren überzeugt, dass er bald sterben würde. Voller Verzweiflung rief meine Mutter das Moskauer Tiermedizinische Institut an und sprach mit einer Art Bereitschaftsarzt – es war mitten in der Nacht –, der sich schließlich Mamas Beharrlichkeit ergab und unseren Hund am Ende seiner Schicht untersuchte. Er sagte, man könne allenfalls versuchen, ihm stündlich (Tag und Nacht) eine Spritze zu verabreichen. Unsere Mutter ließ sich nicht entmutigen und befolgte seine Anweisung. Überraschenderweise begann Martin, sich nach ein paar Tagen zu erholen. Er wurde

Anna mit Martin, dem Dobermann, den sie liebevoll gepflegt hat.

vollkommen gesund und erfreute sich noch eines langen Lebens. Er starb mit 16 Jahren an Altersschwäche in unserem Haus auf dem Land, wo wir ihn begruben.

Nach einer Weile beschlossen wir, uns wieder einen Hund zuzulegen, auch wenn wir schon eine Katze und Vaters Papagei hatten. Im Internet fanden wir ein auf Bloodhounds spezialisiertes Tierheim und gingen dorthin. Ein bereits erwachsener Hund gefiel uns, wir nahmen ihn und nannten ihn Van Gogh. Er war wunderbar, doch bald bemerkten wir, dass er große Probleme hatte. Er konnte seine Blase nicht kontrollieren und erleichterte sich, trotz häufiger Spaziergänge, zu Hause. Den Tierärzten zufolge hatte er ein schweres Nierenleiden, und auch diesmal tat meine Mutter alles für ihn. Er war entweder bei ihr zu Hause oder bei mir. Doch obwohl sich sein Zustand durch die Behandlung verbesserte, pinkelte er immer noch in die Wohnung.

Van Gogh, der Bloodhound der Familie, bei einem seiner Spaziergänge im Park mit Anna.

Mit der Zeit wurden auch Verhaltensauffälligkeiten deutlich. Im Zentrum von Moskau, wo sowohl ich als auch meine Mutter wohnten, herrscht immer viel Verkehr und ein hektisches Treiben auf den Bürgersteigen. Das alles erschreckte ihn. Er erstarrte, legte sich mitten auf die Straße und ließ sich nur noch mit Gewalt wegschleifen (er wog über sechzig Kilo). Am Ende brachten ihn meine Mutter oder ich, wenn sie in Tschetschenien war, mit dem Auto in den Park. Dann sprang er im Hof, wo alles ruhig war, in den Kofferraum und vor dem Tor zum Park wieder hinaus. Er ließ sich zum Hundeareal führen und rannte dort glücklich herum.

Mama tat es sehr leid für Van Gogh. Sein Gesundheitszustand verkomplizierte unser Leben ziemlich, doch sie kümmerte sich immer liebevoll um ihn. Sie fand sogar ein paar Hundepsychologen, die jedoch nicht viel ausrichten konnten. Erst nach dem Tod meiner Mutter stellte sich heraus, dass Van Gogh unter Epilepsie litt und sein eigenartiges Verhalten damit zusammenhing. Er lebte noch viele Jahre ruhig und friedlich außerhalb der Stadt in der Nähe von Moskau, bis er schließlich bei einem letzten epileptischen Anfall starb.

Meine Mutter schrieb einen Artikel über Van Gogh und darüber, wie sie gelernt hatte, die Straßen Moskaus mit anderen Augen zu sehen. Die Veröffentlichung erlebte sie nicht mehr.

17
Der Hinterhalt

Sie war unter Journalisten, Menschenrechtsaktivisten und im Westen sehr bekannt. Dessen ungeachtet war ihr Einfluss auf das politische Leben Russlands minimal.

Erklärung Wladimir Putins, wenige Stunden nach der Meldung von Anna Politkowskajas Tod

Meine Mutter wurde an Putins Geburtstag, dem 7. Oktober 2006, umgebracht. Ironie des Schicksals oder eindeutiger Fingerzeig?

Sie hatte keinen Personenschutz, und sie wollte auch keinen. Sie war sich bewusst, dass er nötig gewesen wäre, mochte sich aber nicht der Tatsache fügen.

Wenige Wochen vor ihrer Ermordung war ihr Vater, mein Opa, gestorben. Am 21. September wollte er Oma besuchen, die schwer krank in der Klinik lag. Ich hatte kurz zuvor die Handynummer gewechselt, deshalb hatte meine Mutter ihm meine neue Nummer auf einen Zettel geschrieben und in den Pass gesteckt. Ich war zu Hause, als das Telefon klingelte und auf dem Display eine unbekannte Nummer aufleuchtete. Ich ging ran, und eine weibliche Stimme fragte mich, ob ich mit Stepan Masepa verwandt sei. »Ja«, habe ich geantwortet, »ich bin die Enkelin.« »Hör zu, wir stehen an einer Bushaltestelle in der Nähe der U-Bahn. Er ist hingefallen und liegt jetzt hier vor mir. Ich glaube, er ist tot.« Das war's, so habe ich es erfahren. Ich rief meine Mutter an, die zu ihm eilte, aber man konnte nichts mehr tun.

Dieser plötzliche Tod meines Großvaters traf Mutter zutiefst. In den darauffolgenden Tagen war sie deprimiert, als ob sie in einen endlosen finsteren Tunnel geraten wäre.

Sie ging ins Krankenhaus, um Oma zu besuchen, kaufte ein, kümmerte sich um den Haushalt und die Familie. De facto hatte sie aufgehört zu arbeiten. Sie machte sich lustig darüber und sagte, sie würde bald nicht mehr in der Lage sein, ihre Notizen zu schreiben, denn mittlerweile war sie mit ihrem Kopf ganz woanders.

Im Nachhinein mag es erstaunlich klingen, aber vielleicht war das die einzige und leider nur allzu kurze Phase meines Lebens, in der ich die Gefahr, in der meine Mutter aufgrund ihrer Aktivitäten schwebte, vollkommen vergessen hatte. Ich war mit anderen Problemen beschäftigt, denn seit einigen Monaten war ich schwanger.

Ungefähr eine Woche vor dem Mordanschlag hatte ich erfahren, dass ich ein Mädchen bekommen würde. Am Vorabend, dem 6. Oktober, hatte Mutter angefangen, mit mir über die Namenswahl zu reden, auch wenn ich mir dazu noch gar keine Gedanken gemacht hatte.

»Wie findest du Nina?«, fragte sie mich.

Ich antwortete, diesen Namen könne ich mir für meine Tochter nicht vorstellen.

»Dann wäre vielleicht Anja besser, was meinst du?«

Anja?, wunderte ich mich im Stillen. Mir kam ein alter Aberglaube in den Sinn, nach dem man einem Neugeborenen nicht den Namen eines lebenden Familienmitglieds geben durfte, andernfalls würde dieses kurz darauf sterben. Sprich: volkstümlicher Unfug. Aber für einen Augenblick blieb ich an diesem Gedanken hängen. Meine Mutter hatte mir den Rücken zugewandt und räumte schweigend ein paar Sachen in den Kleiderschrank. Ich wusste nicht, wie ich reagieren sollte, und ließ das Thema fallen. Wir sprachen nicht mehr darüber.

Der 7. Oktober 2006 hat sich in allen Einzelheiten in mein Gedächtnis eingebrannt. In jenen Tagen übernachtete ich bei Mama. Da ich gerade meine Wohnung renovierte, war ich vorübergehend bei ihr eingezogen. Ich stand spät auf, so gegen Mittag. Erschöpfung und Müdigkeit, typisch für die Anfangsmonate der Schwangerschaft, machten mir ziemlich zu schaffen.

Wir frühstückten zusammen. Wir tranken Tee, plauderten ein bisschen, und dann fing ich an, mich fertig zu machen. An jenem Tag hatte ich vor, Baumaterial zu kaufen, und ich freute mich über die neuen Dinge, die in meinem Leben passierten. Auch meine Mutter wollte los, um ein paar Sachen zu erledigen. Plötzlich und vollkommen unerwartet trat sie auf mich zu mit etwas, das sie in einer Hand verbarg. Sie öffnete die Handfläche und steckte mir ein Bündel zusammengerollter Geldscheine zu. »Gib es für die Kleine aus«, sagte sie. Ich war sprachlos wie am Vorabend, denn zwischen uns war das alles andere als üblich. Ich lebte mein Leben, ich arbeitete und sorgte inzwischen allein für meinen Unterhalt. Ich war erwachsen. Nichtsdestotrotz antwortete ich: »Okay«, und steckte das Geld ein, ohne es überhaupt anzusehen.

Ich hatte es eilig, weil ich eine Menge im Kopf hatte, was ich erledigen wollte. Anschließend waren wir noch verabredet, um gemeinsam die Ausstattung für mein neues Badezimmer auszusuchen.

Als ich auf der Straße war, zog ich das Bündel aus meiner Tasche. Es waren mehrere große Banknoten darunter, insgesamt im Wert von rund zweitausend Euro.

Den restlichen Nachmittag telefonierten wir oft miteinander. Ihre Stimme klang müde, und als sie fragte, ob ich sie wirklich im Geschäft brauche, um die Sachen auszuwählen, antwortete ich: »Ach nein, lass nur. Ich habe noch nichts Konkretes gefunden, und wenn, rufe ich dich an.« Das war das letzte Mal, dass ich mit ihr gesprochen habe.

Ungefähr vierzig Minuten später betrat ich einen Laden und versuchte, sie wieder anzurufen, um mich mit ihr über meine Eindrücke auszutauschen. Ich wählte ihre Nummer, es ging aber niemand ran. Ich versuchte es noch ein paar Mal, ohne Erfolg, bis mein Bruder mich anrief. Er konnte sie ebenfalls nicht erreichen. Da er nicht weit von unserer Mutter entfernt wohnte, bat ich ihn, zu ihrer Wohnung in der Lesnaja-Straße zu gehen. Ich hatte Angst, sie könnte eine ihrer Blutzuckerkrisen gehabt haben und Hilfe brauchen. Zudem hatte sie mit Ilja vereinbart, dass er sie in den Supermarkt begleiten würde. Denn seit ich bei Mutter eingezogen war, kaufte sie immer Unmengen ein, und die Tüten waren schwer. Es vergingen zehn Minuten, dann rief er mich wieder an. Mit einer Stimme, die ich nie zuvor und auch danach nie wieder bei ihm gehört habe, sagte er: »Sie haben Mama umgebracht.«

Ein Irrtum, dachte ich. Es kann sich nur um einen Irrtum handeln.

Meine Mutter hatte eben mit mir am Telefon gesprochen. Sie war am Leben, es ging ihr gut, wir wollten die Fliesen fürs Bad aussuchen, sie konnte nicht tot sein, sicher hatte es eine Verwechslung gegeben, ein furchtbares Missverständnis, mein Bruder hatte sich verhört. Das war die einzig mögliche Erklärung, und davon versuchte ich mich selbst zu überzeugen, während ich mich der Lesnaja-Straße näherte.

Ich ging zu Fuß und wählte dabei Mutters Nummer, aber sie antwortete nicht. Als ich vor dem Haus ankam, hatte die

Polizei das Gebäude abgesperrt. Mir wurde klar, dass es sich nicht um einen Irrtum handelte.

Mehrere Stunden lang standen mein Bruder, die Schwester meiner Mutter und später mein Vater in der Nähe des Hauseingangs, wo in der Zwischenzeit unzählige Fremde und ebenso viele Journalisten und Journalistinnen eingetroffen waren. Die Polizei ließ uns nicht hinein.

Nach einigen Stunden riefen die Ermittler Ilja und sagten ihm, dass bald die Gerichtsmediziner kommen und die Leiche abtransportieren würden und dass sie ein Laken bräuchten, um sie zu bedecken. Ilja ging hinauf in die Wohnung, holte ein Betttuch und gab es ihnen. Kurz darauf trugen sie Mutter weg. Dann forderten sie uns auf, mit hinauf in die Wohnung zu kommen, weil die Durchsuchung beginnen sollte.

Kaum war ich durch die Eingangstür in der Nähe des Aufzugs getreten, schubste mich jemand von hinten. »Geh schon vorbei«, sagte er zu mir, »schau nicht hin!« Ich schaute trotzdem hin, ich wollte sehen, was am Tatort geblieben war. Am Aufzug konnte ich deutlich ein Einschussloch erkennen, und auf der Treppe lag eine blutverschmierte Packung Hühnerbrust. Mutter musste am Ende alleine zum Supermarkt gegangen und gerade mit den vollen Einkaufstüten zurückgekommen sein. Sie war im Begriff, den Aufzug zu betreten, vielleicht wollte sie auch meinen Anruf annehmen, als man sie umbrachte.

Fünf Schüsse aus einer Pistole. Neben der Leiche fand die Polizei eine Makarow PM und die Patronenhülsen. Die Waffe, die sie getötet hatte, hatte man dort gelassen. Ein klares Signal, dass es sich um einen Auftragsmord handelte.

Wir stiegen zu Fuß die sieben Stockwerke hoch. Die

Durchsuchung dauerte einige Stunden. Die Ermittler nahmen Mutters Archiv mit, einen Computer, eine Fotokamera und alles, was mit ihrer Arbeit zusammenhängen konnte. Ich sah ihnen zu, ohne zu begreifen, was ich tun sollte. Am Telefon hatte mir jemand geraten, aufmerksam alle Phasen der Durchsuchung zu verfolgen, die Polizisten niemals aus den Augen zu lassen. Es waren mehrere, und sie durchsuchten gleichzeitig verschiedene Räume.

Mir ging das Einschussloch am Aufzug nicht mehr aus dem Sinn. Es war ungefähr auf Kopfhöhe. Eine Zeitlang musste ich nach Mutters Tod noch oft in ihre Wohnung gehen. Das Loch war nach wie vor da. Niemand hatte daran gedacht, es zu schließen. Eines Tages fand ich eine Blume darin. Das Foto davon habe ich noch heute.

Ungefähr einen Monat später tauchte unangemeldet ein Angestellter aus dem Büro des Moskauer Bürgermeisters bei uns auf und fragte, ob wir irgendetwas bräuchten. Unsere einzige Bitte war, dass man das Loch am Aufzug in Mutters ehemaligem Wohnhaus verschwinden ließ. Eine Bitte, die umgehend erfüllt wurde. Es wurde mit einer Blende abgedeckt.

Kein Vertreter des russischen Staates war bei der Beerdigung anwesend. Nur sehr viele gewöhnliche Menschen, in Tränen. Da wurde mir wirklich bewusst, was meine Mutter diesen Leuten bedeutete, wie sehr man sie liebte und wie tief ihre Ermordung die Öffentlichkeit erschüttert hatte. Viele würden von nun an keine Stimme mehr haben, keine Schulter, an die sie sich anlehnen konnten. Für viele dieser Menschen war die letzte Möglichkeit ausgelöscht worden, Gerechtigkeit zu erfahren, die eigene Geschichte geschrieben zu sehen.

Die Zeremonie dauerte mehrere Stunden. Viele Journalisten waren da, zahlreiche Fernsehkameras, für mich war das nicht leicht zu ertragen. Ich wollte nur, dass alles schnell vorbei war.

Die meisten überflüssigen Dinge jenes Tages habe ich aus meinem Gedächtnis gelöscht. Ich kann mich nur vage an die prominenten russischen Persönlichkeiten erinnern, an Botschafter verschiedener Länder, die an Mutters Sarg das Wort ergriffen.

Gut in Erinnerung sind mir dagegen die Menschen, die Blumen auf den Asphalt und auf den Leichenwagen warfen. Der Sarg rollte vor uns dahin, wir, dic Vcrwandten und Freunde, folgten auf einer von Blütenblättern übersäten Straße.

Ich hielt mir den Bauch und spürte das werdende Leben meiner Tochter in mir, während ich für immer von meiner Mutter Abschied nahm.

18
Alles umsonst

Die jahrelangen Ermittlungs- und Gerichtsverfahren haben bis heute zu keinem Ergebnis geführt. Die Auftraggeber des Mordes wurden nicht gefunden und vielleicht auch nie wirklich gesucht. Es gab derart grobe Patzer, dass wir manchmal beinahe lachen mussten. Vom falschen Todeszeitpunkt bis hin zu Tausenden zur Tatzeit in jener Zone aktiven Telefonnummern, die in der Akte offengelegt wurden.

Damals versicherte man uns, das mit dem Fall betraute Team bestünde aus guten und erfahrenen Leuten. Ich erinnere mich noch an die Vernehmung, der mich einer dieser Vollprofis im Untersuchungskomitee der Russischen Föderation unterzog. Mein runder Bauch war schon deutlich sichtbar, sprich, ich war »sehr schwanger«. Nachdem er mir zunächst ganz allgemeine Fragen zu den letzten Tagen meiner Mutter gestellt hatte – wo sie gewesen sei, wann, warum –, polterte er plötzlich los, wobei er sich mir näherte und mich umkreiste, sich schließlich hinsetzte und schrie, dass ich, wenn ich mich nicht genauer erinnern könne, den Rest meines Lebens damit zurechtkommen müsse, dass der Mord an meiner Mutter meinetwegen unaufgeklärt blieb. Ich weiß nicht, ob das ein übliches Vorgehen ist, eine Befragungsmethode, die man in solchen Fällen anwendet, doch ich war fix und fertig, als ich den Raum verließ, und schwor mir, nie wieder ohne Anwalt einen Fuß dort hineinzusetzen. Im Folgenden waren die Ermittler, auch im Beisein unserer Anwältin Anna Stawizkaja, weiter grob und unfreundlich.

In Russland bilden die Ordnungskräfte eine Kaste für sich. Es war mir schon immer ein Rätsel, wo und von wem sie ihr Verhalten und ihre Kommunikationsmethoden lernen. Ihr grobschlächtiges, unzivilisiertes Auftreten ist anscheinend darauf ausgelegt, den Gesprächspartner einzuschüchtern und ihm das Gefühl zu vermitteln, minderwertig zu sein, ein Nichts gegenüber dem Staatsapparat und der Uniform, die vor ihm steht. Die meisten normalen Menschen, die noch nie mit ihnen zu tun hatten, wissen beim ersten Mal überhaupt nicht, wie sie damit umgehen sollen.

Seit dem Tod meiner Mutter war sehr wenig Zeit vergangen, als mir bewusst wurde, dass man sie in Russland bereits zu vergessen begann. In den Tagen nach dem Mord fanden sich einige Hundert Personen im Gedenken an sie zu kleinen Kundgebungen und Mahnwachen zusammen, doch im Großen und Ganzen blieb die Empörung aus. Die wenigen, die sie bereits schätzten und lasen, haben meine Mutter in ihren Herzen und Gedanken bewahrt. Ihre Art, Journalismus zu betreiben, ist mit ihr gestorben.

Die Erinnerung wach zu halten ist in Russland ein schwieriges Unterfangen. In den letzten Jahren gedenkt man Anna Politkowskajas nur an ihrem Todestag. Ihr Name ist manchmal auf den Seiten der Zeitungen aufgetaucht, doch immer nur im Zusammenhang mit der Ermordung eines ihrer Kollegen oder Freunde. Einen Monat nach Mutters Ermordung wurde in London Alexander Litwinenko, der ehemalige Geheimdienstmann, der ihr geholfen hatte, die Urheber der Verbrechen in Tschetschenien ausfindig zu machen, mit Plutonium vergiftet. Im Januar 2009 wurde Stanislaw Markelow, ein junger, aber schon bekannter Anwalt, der, wie meine Mutter, lange in Tschetschenien gearbeitet hatte, mitten in der Moskauer Innenstadt kaltblütig erschossen. Der Killer erwischte ihn, als er mit Anastassija Baburowa, einer jungen Mitarbeiterin der *Nowaja Gaseta*, von einer Pressekonferenz zurückkehrte. Auch sie starb. Sechs Monate später traf es die Freundin und Kollegin meiner Mutter, Natalja Estemirowa.

Nach Mutters Ermordung versammelte Muratow das Team der *Nowaja Gaseta* und sagte: »Es reicht, wir machen dicht, ich will keinen von euch mehr in der Schusslinie sehen.« Es war das erste Mal, dass seine Redaktion sich gegen ihn auflehnte: Wir machen nicht dicht, wir machen weiter. Auch die folgenden Toten brachten sie nicht zum Schweigen. Erst der Krieg in der Ukraine und die Zensurgesetze sollten Muratow dazu zwingen, die Publikation der Zeitung im März 2022, nach der zweiten Abmahnung durch Beamte der Föderalen Medienkontrollbehörde Roskomnadsor, einzustellen.

19
Die letzte Recherche

In der Nacht vom 27. auf den 28. Juli 2006 gerieten zwei tschetschenische Guerilla-Kämpfer am Rand des Dorfs Kurtschaloi in einen Hinterhalt, den Gefolgsleute des Kreml-Verbündeten Ramsan Kadyrow, damals Premierminister der Republik Tschetschenien, organisiert hatten. Einer der beiden Kämpfer, Adam Badajew, wurde gefangen genommen, der andere, Hodsch-Achmed Duschajew aus Kurtschaloi, getötet. Im Morgengrauen rollten rund zwanzig Fahrzeuge, besetzt mit bewaffneten Männern, in den Ortskern. Sie hatten Duschajews Kopf dabei. Zwei von ihnen spießten ihn auf Eisenrohre und hängten seine blutgetränkte Hose darunter. Die nächsten beiden Stunden brachten sie damit zu, Fotos mit ihren Handys zu schießen. Ein enger Mitarbeiter Kadyrows, Idris Gaibow, einstmals Verwaltungschef des Distrikts, koordinierte die Aktion. Zeugen aus dem Dorf haben ihn am Telefon sagen hören, sie hätten den »Teufel Nummer eins« der Gegend getötet und enthauptet. Der Kopf blieb 24 Stunden lang ausgestellt, bis Polizisten ihn abtransportierten. Die Hose ließen sie an den Rohren hängen. Anschließend wurde der Kopf wieder an den Rest der Leiche angenäht, das Büro des Generalstaatsanwalts leitete eine Ermittlung ein, die den Ablauf der Ereignisse bestätigte.

In einem Interview hatte meine Mutter gesagt, Ramsan Kadyrow habe versprochen, sie zu töten, weil sie ihn als einen Staatsbanditen ansah und das auch offen kundtat. Die Drohung wurde während einer Sitzung der tschetschenischen Regierung ausgesprochen und meine Mutter von einem Augenzeugen darüber informiert. Mit uns Kindern hat sie mehrmals über Kadyrows erbitterten Hass gegen sie geredet.

»Warum will Kadyrow meinen Tod?«, fragte sie sich. »Einmal habe ich ihn interviewt und seine Antworten veröffentlicht, auf Punkt und Komma genau, getreu ihrer ganzen unglaublichen Dummheit und Ignoranz. Er war überzeugt, dass ich das Interview komplett umschreiben würde, um ihn intelligenter dastehen zu lassen. Im Grunde tun das die meisten Journalisten, zumindest diejenigen, die ›auf unserer Seite‹ stehen, sie schreiben um, hübschen auf. Macht man es nicht, ist das dann Grund genug, um mit dem Tod bedroht zu werden?«

In den letzten Wochen vor ihrer Ermordung war meine Mutter mit einer äußerst aufwändigen Hintergrundrecherche befasst, die psychisch sehr belastend war. Es ging um Männer, die von Kadyrow und seinen Leuten entführt und gefoltert worden waren.

In der ersten Hälfte des Jahres 2006 hatten die Entführungen gegenüber dem Vorjahreszeitraum zugenommen. Und dabei wies die Statistik nur Fälle aus, zu denen eine offizielle Anzeige vorlag. Die Fotografien, in deren Besitz meine Mutter gelangt war, zeigten von der Folter verstümmelte Leichen.

Für sie war Kadyrow der Schlächter von Grosny, der Stalin unserer Epoche, ein bis an die Zähne bewaffneter Feigling,

Türkei, Anfang der 2000er Jahre.

der keinen Schritt tat, wenn er nicht von seinen treuen Gefolgsleuten umgeben war. Sie glaube nicht, sagte sie, dass er eines Tages Präsident Tschetscheniens werden würde. »Ich habe nur einen sehnlichen Wunsch zu Kadyrows Geburtstag. Ganz im Ernst. Ich hoffe, ihn auf der Anklagebank sitzen zu sehen, und dass er sich in einem korrekten und strengen Verfahren für all seine Verbrechen verantworten muss.« Nur zwei Tage nach dem Mord an meiner Mutter beeilte sich Ramsan Kadyrow, den sich verbreitenden Gerüchten, er sei in die Tat verwickelt, zu widersprechen.

Die Auftraggeber für den Mord an meiner Mutter sind, wie ich erwähnt habe, nicht bekannt. Die Ermittlungen haben nicht zum Ziel geführt. Im Jahr 2014 hat das Schöffengericht in Moskau fünf Männer für den Mord an Anna Politkowskaja schuldig gesprochen. Vier davon sind Tschetschenen. Rustam Machmudow, der mutmaßliche Todesschütze, und sein Onkel Lom-Ali Gaitukajew, der Organisator (im Gefängnis gestorben), wurden zu lebenslanger Haft verurteilt. Zwei weitere Brüder Rustams, Ibrahim und Dschabrail, zu zwölf beziehungsweise vierzehn Jahren Haft, während der einstige Büroleiter des Moskauer Innenministeriums, Sergej Chadschirkurbanow, der an der Planung des Mordes beteiligt war, zu einer Gefängnisstrafe von zwanzig Jahren verurteilt wurde. In einem getrennten Verfahren wurde der Ex-Polizist Dmitri Pawljutschenkow, obwohl er mit den Behörden kooperiert und ein Geständnis abgelegt hatte, zu elf Jahren unter erschwerten Haftbedingungen verurteilt, weil er ebenfalls an der Planung beteiligt war und die Waffe besorgt hatte.

Ramsan Kadyrow, inzwischen Präsident der Republik Tschetschenien, ist im Rahmen des Prozesses zur Ermordung meiner Mutter niemals befragt worden. Die Justiz hat nicht herausgefunden, wer die Auftraggeber waren. Für uns Angehörige bedeutet dies, dass der Fall de facto nicht gelöst ist.

20
Ein Gespenst in einem freien Land

Nichts hat sich geändert. Die Männer, die meine Mutter allein mit der Kraft ihrer Worte bekämpfte, sind noch immer da. Der Krieg in der Ukraine markiert einen Wendepunkt in der Entwicklung des Putin'schen Regimes. Im Jahr 2000, als Putin das erste Mal zum Oberhaupt der Russischen Föderation gewählt wurde, begann man ihn im Westen nach ein paar Monaten Amtsausübung – merkwürdigerweise – zu schätzen. Vielen schien es, als wolle er die demokratische Entwicklung des Landes weiterführen, freundliche Beziehungen zur Europäischen Union und der G8 pflegen, der Russland 1997 beigetreten war.

Putins Aufstieg fiel zusammen mit dem zweiten Tschetschenienkrieg, der zehn Jahre dauern sollte, bis Medwedew, der damalige Präsident der Föderation mit Putin als Ministerpräsident, 2009 das Ende der »Antiterror-Operation« verkündete. In jenen Jahren gelang es nur meiner Mutter und wenigen anderen, den Bannkreis um diese Region zu durchbrechen.

Über den zweiten Tschetschenienkrieg wurde so wenig berichtet wie über kaum einen Krieg in der Geschichte. Noch dazu verkaufte man ihn als Kampf gegen den islamistischen Terror, einen der Pfeiler, auf dem Putin den Großteil seiner Rhetorik über das neue Russland aufgebaut hat.

Als zweiten, werbewirksamen Pfeiler erkannte man den »Großen Vaterländischen Krieg«, den Widerstand gegen den Nationalsozialismus und den Sieg von 1945. Wenn der Nationalsozialismus der Feind gewesen war und seine Niederschlagung eines der Fundamente des neuen Russlands, dann positionierte sich jeder, der deren politische und historische Bedeutung nicht hoch genug einschätzte, automatisch außerhalb der gängigen öffentlichen Meinung. Es galt, die Schlacken des Jelzin-Jahrzehnts und der Perestroika-Zeit zu beseitigen, als die Geschichtsforschung große Freiheit genossen und unliebsame Wahrheiten zu den Verbrechen des Stalinismus zutage gefördert hatte. Die Geschichte und die Demokratie mussten »souverän« werden, während unabhängige historische Forschung als Bedrohung angesehen wurde, da sie die herrschende Vergangenheitsdarstellung in Frage stellen konnte.

In Russland haben wir ein Wort, das exakt ausdrückt, was gerade geschieht: *pobedobesije*. Es lässt sich übersetzen mit »Siegeskult« und beschreibt die vollkommen überzogenen Feierlichkeiten, die jedes Jahr am 9. Mai, dem Tag des Sieges über den Nationalsozialismus, begangen werden. Diese Feierlichkeiten sind zum Volkskult geworden, zur Verherrlichung einer aussterbenden Generation von Kämpfern, vor denen das gesamte Land niederkniet und damit die sowjetische Kriegs-Symbolik zum Fetisch und Heiligtum erhebt. Das ist die neue Krankheit der russischen Gesellschaft. Denn nur wer geistig nicht ganz gesund ist, steckt seinen dreijährigen Sohn in eine Militäruniform und trägt ihn fröhlich durch die Stadt, um ihn mit kleinen Panzern spielen zu lassen.

In den baltischen Staaten und der Ukraine wurden ganz andere Grundpfeiler gesetzt. Dort ging es darum, die erreichte Unabhängigkeit hervorzuheben und ein zwischen dem Zarenreich und den Kettengliedern des internationalistischen Kommunismus verloren gegangenes Nationalbewusstsein wieder aufzubauen.

Die Positionen Russlands und der Ukraine sind entgegengesetzt und unversöhnlich, und vielleicht hat man deshalb seit dem Angriff in jeder Sendung und jeder öffentlichen Erklärung immerzu die Parole »Entnazifizierung« gehört. Putin und die Seinen gebrauchen ein allen verständliches, simples und eindringliches Konzept, um einen Feind zu benennen, der angeblich wieder eine Bedrohung wie 1941 darstellt.

Die Entnazifizierung rechtfertigt den Krieg nicht nur, sie erfordert ihn gewissermaßen. Mit ihr diktiert Russland seine Regeln, indem es die Leitungsriege der okkupierten Städte durch moskaufreundliches oder gar russisches Personal ersetzt.

Der dritte Pfeiler, auf dem die neue nationale Doktrin fußt, ist die Opferrolle. Nach dem Zusammenbruch der Sowjetunion wurde Russland gedemütigt. Durch wen, wenn nicht durch den Westen mit seinen von der russischen Tradition so weit entfernten Werten?

Putin und die Seinen haben jedoch, abgesehen von der postulierten Entnazifizierung, die wahren Ziele des Krieges nie offengelegt. In Russland hieß es immer, man müsse nach acht Jahren fortwährender Angriffe die Bevölkerung des Donbass schützen und in der Ukraine herrsche ein feindliches Regime, das jeder Zeit bereit sei, das Land im Auftrag des Westens zu überfallen. Die Wahrheit ist, dass der Kreml keine demokratische Ukraine dulden kann, die versucht, die Grundlagen für ihren Beitritt zum politischen

Europa zu schaffen. Ein sich hinziehender Krieg, ganz gleich, wie er ausgeht, verlangsamt den Prozess der Demokratisierung und Europäisierung der Ukraine. Die russische Führung spricht auch von der Existenz einer russischen Minderheit in der Ukraine, der man nicht vorenthalten könne, in den vollen Genuss ihrer Rechte zu kommen, wie zum Beispiel den Gebrauch der russischen Sprache in Schulen und öffentlichen Ämtern. Dabei konzentrierten sich die Bombenangriffe im ersten Kriegsmonat ausgerechnet auf die Gebiete mit vorwiegend russischsprachiger Bevölkerung, und die Mehrzahl der Geflüchteten, die ihre Häuser und Wohnungen verlassen mussten, ist russischsprachig. Seit dem Angriff bevorzugen viele von ihnen sogar mehr und mehr das Ukrainische.

Alle Ukrainer, auch die russischsprachigen, haben in gleicher Weise auf die Invasion reagiert: mit Empörung, Flucht oder indem sie zu den Waffen griffen und ihr Land verteidigten. Sehr wenige haben die Panzer mit Blumen empfangen. Deshalb muss man die Bevölkerung deportieren, vertreiben, terrorisieren. Die Entnazifizierung ist eine Entnationalisierung, ein Genozid, wenn man sich auf die Definition der Vereinten Nationen von 1948 beruft. Die Abschnitte C und E des Artikels II der UN-Völkermordkonvention definieren als Genozid die »vorsätzliche Auferlegung von Lebensbedingungen für die Gruppe, die geeignet sind, ihre körperliche Zerstörung ganz oder teilweise herbeizuführen« sowie die »gewaltsame Überführung von Kindern der Gruppe in eine andere Gruppe«. All dies geschah und geschieht in der Ukraine.

Am 12. Juli 2021 hat Putin einen Artikel veröffentlicht, dessen Titel »Über die historische Einheit von Russen und Ukrainern« bereits ein politisches Programm aufzeigt. Ukrainer und Russen wären demnach ein einziges Volk, Teil desselben historischen und geistigen Raums, derzeit getrennt durch eine Mauer, die »Unglück und Tragödie« sei. Das Schriftstück endet mit einer Reihe von Vorwürfen gegen die ukrainische Führung, die in den vergangenen Jahren sämtliche russischen Bemühungen um wirtschaftliche und strategische Abkommen zurückgewiesen habe. Die herrschende Klasse der Ukraine habe entschieden, die Unabhängigkeit ihres Landes durch eine Verleugnung der Vergangenheit zu rechtfertigen. Sie habe begonnen, die Geschichte mythologisch zu verklären und neu zu schreiben, alles zu ändern, was sie mit Moskau verband, und die Periode, in der die Ukraine zum Russischen Reich und zur Sowjetunion gehörte, als Zeit der Okkupation zu bezeichnen.

Hier, wo ich mich jetzt befinde, sieht man das anders. Wenn ich in den Straßen den Blick hebe, sehe ich überall ukrainische Flaggen, obwohl ich gar nicht in der Ukraine bin. Vor der russischen Botschaft hat man Schilder aufgestellt, die Bilder von Krieg und Tod zeigen. Hier fühlen wir uns sehr viel freier, aber die Euphorie darüber, dass wir entkommen sind, und über unser neues Leben kann nicht über alle Schwierigkeiten hinwegtäuschen. Während Anna neue Kraft schöpft, schlage ich mich mit der Bürokratie herum.

Als wir ankamen, waren die russischen Kreditkarten gesperrt, und ich musste wieder bei null anfangen, als wäre mein Leben ein unbeschriebenes Blatt. Es war nicht leicht, sich einzugewöhnen, und unsere Lage ist immer noch prekär, da wir nie wissen, was der nächste Tag für uns bereithält. Wir erfahren am eigenen Leib alle Sanktionen, die der

Westen gegen russische Bürgerinnen und Bürger verhängt hat und die uns, offen gestanden, ein normales Leben verwehren. Zugleich scheinen diese neuen Regeln den Kriegsverlauf in keiner Weise zu beeinflussen. Der einzige Effekt ist, dass die Inhaber russischer Pässe in vielen Ländern mit enormen bürokratischen Schwierigkeiten zu kämpfen haben, die noch zum absolut negativen Stigma ihrer Nationalität hinzukommen. Russin oder Russe zu sein ist ein Problem, ein objektives Hindernis, *dank* des Krieges in der Ukraine. Während ich diese Zeilen schreibe, läuft unser Aufenthaltsvisum ab, und ich habe noch immer keine Arbeitserlaubnis. Das Leben rollt auf einem unsicheren, im Dunkeln liegenden Gleis einer ungewissen Zukunft entgegen. Doch wir versuchen, nicht den Mut zu verlieren.

21
Die Häuser gehen in Flammen auf, die Brücken brennen

Unsere Familiendatscha war ein magischer Ort. Ein Haus auf dem Land zu besitzen, ist Tradition für viele Russen, die chaotische Städte bewohnen und sich gerne in die Natur zurückziehen. Sei es, um dort die Ferien zu verbringen, oder auch nur, um übers Wochenende gute Luft zu atmen. Unsere Datscha, ein zweistöckiges Holzhaus mit einem großen Garten, wurde Anfang der Neunzigerjahre an einem Hang mit einem traumhaften Blick über den Fluss gebaut.

Ilja und ich teilen viele Erinnerungen, die mit diesem Ort verbunden sind. Als Jugendliche haben wir dort mit Freunden große Feste veranstaltet. Unsere Eltern haben das Haus und das Gelände rundherum gestaltet, anscheinend ohne einen bestimmten Zweck zu verfolgen. Beiden machte es Freude, es mit Pflanzen und Blumen zu verschönern und sich um den Rasen zu kümmern. Das Haus befand sich im Distrikt Russki, ungefähr neunzig Kilometer von Moskau entfernt.

Eine der lebendigsten Erinnerungen, die ich an meine Mutter in dieser Datscha bewahre, geht auf den letzten Sommer ihres Lebens zurück. Ich hatte ihr wenige Tage zuvor von meiner Schwangerschaft erzählt. So fing sie an, noch zum Ende der Saison Möhren auszusäen.

Es war ihr erster ernstzunehmender Versuch, einen Gemüsegarten anzulegen, während vorher ihre Leidenschaft den Blumen gegolten hatte. Das Ergebnis waren einige wenige, recht mickrige Karotten, denn meine Mutter hatte sich nicht gerade den idealen Zeitpunkt für den Anbau ausgesucht. Doch das war egal. Sie wollte, dass ich, und somit mein Kind, unsere Bio-Karotten aß.

»Da drinnen ist mein Enkel oder meine Enkelin, du musst dich anständig ernähren«, sagte sie, auf meinen Bauch deutend. Sie fügte hinzu, sie habe auf der Arbeit reichlich Resturlaub angesammelt. Sobald das Kind zur Welt käme, würde sie ihn auf einmal nehmen und mir zur Hand gehen.

Anja kam im darauffolgenden März zur Welt, und im Sommer brachte ich sie in die Datscha. Ich wollte, dass sie dort reichlich Zeit verbringt, und so kam es auch. Die kleine Anna Viktoria hat diesen Ort sehr geliebt. Alles war so erhalten, wie es immer gewesen war, jedes Zimmer, jeder Winkel, jeder Quadratzentimeter war so, wie mein Vater und meine Mutter ihn sich ausgemalt und gebaut hatten.

Mama fuhr oft dorthin, um zu schreiben. Sie setzte sich auf die Veranda, klappte den Computer auf, der Hund legte sich neben sie, und dann tauchte sie ab in ihre schwierigen Texte.

Am 6. Mai 2022, meine Tochter und ich hatten Russland bereits verlassen, erhielt ich einen Anruf von den Nachbarn. »Es brennt, das Haus brennt!«, schrien sie.

Zuerst hatte es eine Explosion gegeben, dann hatten sich die Flammen rasch ausgebreitet. Nur durch ein Wunder ist das Feuer nicht auf die Häuser in der Nachbarschaft über-

Anna, umgeben von den Blumen, die sie an der Familiendatscha gepflanzt hatte.

gesprungen. Panisch rief ich sofort meinen Vater an. Vielleicht war es ja nur ein kleiner Unfall und alles nicht so schlimm. Vielleicht brannte nur ein Teil des Hauses ab. Er raste hin, aber als er ankam, war die Datscha bereits vollkommen zerstört.

Nur dem prompten Eingreifen der Feuerwehr ist zu verdanken, dass die Tragödie nicht noch schlimmere Ausmaße angenommen hat. Mein Vater hat mir Fotos und einige von den Nachbarn gedrehte Videos geschickt. Vor meinen Augen turmhohe Flammen, die unser Haus verschlangen, während ich Tausende Kilometer entfernt hilflos diesem Szenario beiwohnte.

Es war kein Unfall. Laut Angaben der Feuerwehrleute entwickeln sich derartige Brände nur, wenn sie nach allen

Regeln der Kunst gelegt werden. »Es ist aus, Vera«, hat Papa zu mir gesagt. »Das Haus ist weg. Es gibt nichts mehr zu retten.«

Der unfreiwillige Schritt, das Land zu verlassen, die Drohungen gegenüber meiner Tochter, der ungesühnte Mord an meiner Mutter – ich hatte gedacht, ich könnte alles ertragen. Aber das Feuer mit seinen Begleitumständen war etwas anderes. Ich hatte das Gefühl, irgendwer hätte einen Teil meiner Vergangenheit verbrannt, in dem alle gleichermaßen aufgehoben waren: meine Eltern, meine Tochter, die Freunde.

Wieder und wieder habe ich das Video des brennenden Hauses betrachtet und dabei an die Brücken gedacht, die wir hinter uns gelassen hatten. Auch sie schienen zu brennen und ihren Schein auf den Weg zu werfen, der vor uns lag.

Wenn man jemanden verliert, den man liebt, entwickelt man eine besondere Beziehung zu den Dingen, die er berührt, die er geschaffen und die er benutzt hat. Einige Jahre nach Mutters Ermordung ist ihre Lieblingsvase zu Bruch gegangen, und es war für mich verstörend, was das in mir ausgelöst hat. In solchen Augenblicken versteht man, wie wichtig bestimmte Gegenstände sind, jene Stücke der Vergangenheit, die bleiben, nachdem ein Mensch uns verlassen hat. Ich war am Boden zerstört bei dem Gedanken, dass von unserer Datscha – voller nichtiger Dinge, sicher, aber auch überbordend vor Erinnerungen – nichts geblieben war.

Einige Monate später haben die Nachbarn mich noch einmal angerufen. Ich war davon ausgegangen, dass der Brand alles vernichtet hatte, auch den Garten. Stattdessen waren im Sommer darauf die Iris und die Pfingstrosen meiner

Mutter wieder aufgeblüht. Und eine riesige Weide, die sie gepflanzt hatte, trug eine Krone junger Blätter. Ich erinnere mich, wie winzig der Baum gewesen und wie er meiner Mutter innerhalb weniger Jahre über den Kopf gewachsen war. Der Rasen, haben sie mir erzählt, hatte sich erneut in einen grünen Teppich verwandelt, und der Efeu, der den Zaun rund um das gesamte Grundstück überwucherte, rankte wieder üppig und verbarg es vor zudringlichen Blicken.

Genau so, wie meine Mutter es sich gewünscht hätte.